JN053996

からだの錯覚

脳と感覚が作り出す不思議な世界

小鷹研理　著

ブルーバックス

装幀／芦澤泰偉
カバー・本文イラスト／コダカマキコ（moboneri）
本文図版／さくら工芸社
本文・目次デザイン／齋藤ひさの

はじめに

本書は、からだの錯覚を扱う本です。よくある錯覚本かというと、おそらくはそのようにはなっていません。

錯覚というと、視覚の錯覚を想像する人が多いのではないでしょうか。実際、検索サイトで「錯覚」という語を入力すると、「動いていないのに動いているようにみえる」「同じ長さなのに、長さが違うようにみえる」といった類の画像が大量に出力されます。こうした錯覚は、SNSの登場により、一段と馴染み深いものとなりました。ところが、本書で扱うからだの錯覚は、SNSを通して体験を直に共有できるようなものではありません。文字通り、当人の身体を動員する必要があるからです。

はじめに断っておきたいこととして、本書のタイトルでもある「からだの錯覚」という表記は、筆者自身の趣向によるものです。意味的には、「体の錯覚」であっても「身体の錯覚」であっても構いません。ただし、筆者が、（本書にとりかかるずっと以前から）この平仮名による用法にこだわってきたことには、それなりの所以があります。複数の部首で構成される個々の漢字は、何らかの抽象的な意味を担っている一方で、平仮名は、その歴史的経緯からして、漢字から意味をはぎ取り、純粋に音だけを表すものとして運用されてきました。逆に言うと、平仮名の場合、同一の語が、潜在的に異なる意味解釈に対して開かれているということでもあります。

本書で扱おうとする「からだ」もまた同様に、さまざまなイメージに対して開かれています。物理的な身体であれば、ちょっとやそっとではその姿形を変えることは叶いませんが、頭の中にある「からだ」であれば、わずかな工夫で、皮膚を石のようにカチコチに硬くしてみせたり（第1章：マーブルハンド錯覚）、逆に1m程引き伸ばしてみたり（第5章：スライムハンド錯覚）、目の前の人と自分の手を入れ替えたり（第2章：セルフタッチ錯覚）、あるいは通常の何倍もの長さに腕を伸ばしてみたり（第3章：VRによる腕伸び錯覚）、ペンと自分の指をつなげてしまうこと（第3章：薬指のクーデター）まで可能となります。

これとは逆の方向として、物理的な身体から日常的に付与されている意味をはぎ取って、モノとしてのからだを体験することも可能です（第5章：蟹の錯覚、ボディジェクトの指）。これを全身に対して引き起こすことができれば、一種の幽体離脱の体験に近づきます（第6章）。

要するに平仮名としての「からだ」とは、普段、主に物理的な制約に従って、特定の解釈を強いられてきた身体が、錯覚の介入によって、さまざまな解釈を往復できるだけのやわらかさを獲得しうること、そのことを象徴的に示すための表現なのです。

筆者が、からだの錯覚と出会ったのは、2012年にまで遡ります。それから10年もの間、からだの錯覚に魅せられて、ついには本を出版するまでに至ったのは、ひとえに、からだの錯覚が醸している異様なまでに不気味な誘引力によるものです。からだの錯覚は、筆者がそれまでに経験していた、視覚や触覚、聴覚といった単一のモダリティー（視覚・聴覚・触覚・味覚などそれぞれの感覚）による錯覚とは、明らかに質的に異なるものだったのです。

　例えば、本書の後半でも詳しく扱うように、ある種のからだの錯覚には、乗り物酔いとは異なる「きもちわるさ」が付帯します。この「きもちわるさ」とは、からだの錯覚が、単に身体のイメージを錯覚させるだけでなく、同時に「自分」のイメージをも錯覚させていることと深く関係しています。異様なまでに不気味な誘引力の正体とは、錯覚がこの自分を跡形もなく変えてしまいかねない、ある種の呪術的な作用にこそ見出されるのです。つまり、からだの錯覚とは、「自分」の錯覚でもあったのです。

　このように、ときに「自分」の現実に介入しようとするからだの錯覚が、インターネット空間の中で容易に流通しえないのは、ある意味では当然といえます。筆者の研究室が、毎年、各所で錯覚の展示会を開催しているのは、物理的に身体を動員させることなしに、からだの錯覚の体感を享受することなど不可能であることを深く理解しているからです。

　このような手続きの煩雑さゆえに、からだの錯覚は、その絶大なる威力にもかかわらず、錯覚の世界の中で永らく（そして現在も）日陰の存在に甘んじています。こうした状況に対するささやかな抵抗として、本書では、巻頭および各章で、特別な道具や装置がなくても、すぐに体感することのできる、小鷹研究室オリジナルの即席錯覚（＝即錯《そくさく》）を多数紹介しています。即錯の多くは、２人で行う場合が多いですが、本書の内容を読みすすめるのと並行して、家族や友達を誘って、ぜひ気になった即錯を試してみてください。一定の割合で、筆者と同様に錯覚に深く魅せられてしまう読者が出てくることでしょう。

本書の第１章では、実験心理学の中で扱われる「からだ」の基本的な概念に対する理解を、無理のないさまざまな思考実験を通して深めていきます。特に注目するのが、ある物質が「からだ」へと昇格するための空間的な条件です。例えば、地面に映る自分の身体の影は、なぜ「からだ」と感じられないのでしょうか。「からだ」に関わる空間的な条件を理解すれば、この疑問に答えるだけでなく、影を「からだ」へと昇格させるための方策もみえてきます。

第２章では、実際には他人の手を触っているのにもかかわらず自分の手を触っているように感じられる「セルフタッチ錯覚」を取り上げます。目を閉じて行う「セルフタッチ錯覚」に固有の事情として、体験者によって錯覚像がまるで異なるということがあります。そうした事例を詳しく追うことで、「からだ」が宿している、内的な解釈の多様性に触れることが、この章の隠れたテーマとなっています。

続いて第３章では、指や手足が伸びる錯覚を主に取り上げます。ここでも、重要な裏テーマがあります。それは、なぜある種の身体変形は即座に錯覚できる一方で、別の身体変形ではうまくいかないのか、この非対称性の問題を考えることです。ここでは、「からだの水脈」という語が重要なキーワードとなることを予告しておきます。

第4章では、錯覚と思い込みの何が異なるのかについて、短い分量ではありますが丁寧に解説していきます。脳科学的な説明に関心のある方は、ぜひこの章に注目してみてください。

第5章以降、錯覚がより「自分」に介入していく側面に注目していきます。まず第5章では、錯覚体験の「きもちわるさ」の由来について検討しつつ、これまでの章で取り上げた錯覚とは逆に、自分の身体の手足のイメージがモノ化していくタイプの即錯を紹介します。

最後の第6章は、全身のモノ化として、幽体離脱現象を扱います。幽体離脱というと、いかがわしい疑似科学の典型ではないかと考えている人が多いかもしれませんが、21世紀以降、幽体離脱を科学的に扱おうとする研究成果が多数出ています。幽体離脱を適切に科学することによって、近未来のメタバースの設計のあるべき姿がみえてくるかもしれません。

本書では、小鷹研究室オリジナルの錯覚がじつに大量に登場します。それらの錯覚誘導がどのようなかたちで行われているかについては、各種の映像を見てもらえれば一目瞭然です。各章の扉にQRコードが掲載されているので、各章に入るたびに、対応する映像の紹介ページへとアクセスし、気になる錯覚の映像を、その都度ご覧いただくことをおすすめします。

それでは前置きはここまでとしましょう。
異様なまでに不気味な誘引力を持つ世界に飛び込む準備はよろしいでしょうか。

ようこそ、からだの錯覚の世界へ。

からだの錯覚 ◆ もくじ

第3章 弾力のある身体

序章

錯覚体験

からだの錯覚、といってもピンとこない人も多いでしょう。なかなか錯覚を感じにくい人もいると思いますが、まずは、実際にやってみることをおすすめします。

試してみたい錯覚体験①

ブッダの耳錯覚

耳があり得ないほど伸びる！

① 上の手で耳たぶを下に引きながら、

体験者は、相手の動きがぼんやり視界に入るようなイメージで、リラックスした状態で前方を向く。実験者は、上の手で体験者の耳たぶを軽くつまんで下に引っ張る。

② 下の手で「見えない耳たぶ」を、みょーんと下にスライドさせると？

（上の手で）つまんだ耳たぶを下に軽く引っ張るのと同時に、ちょうど耳たぶから出ている「見えないヨーヨーの糸」を引くようなイメージで、つまんだふりをした下の手を、めいいっぱい地面に向けて直線的にスライドさせる。

③ 耳たぶがめちゃくちゃ伸びているように錯覚する！

引っ張ったり戻したりを何度も繰り返していると、体験者は、耳たぶが、実験者の手の動きと連動して下側に長く伸び縮みしているような錯覚を覚える。

④ スライドした下の手をぱっと離すと？

つまんだ耳たぶを引っ張ったままで、空中でスライドさせた下の手をぱっと離すと、耳たぶが伸びたままフリーズするような感覚が得られる。

プロジェクトメンバー：佐藤優太郎・今井健人・小鷹研理

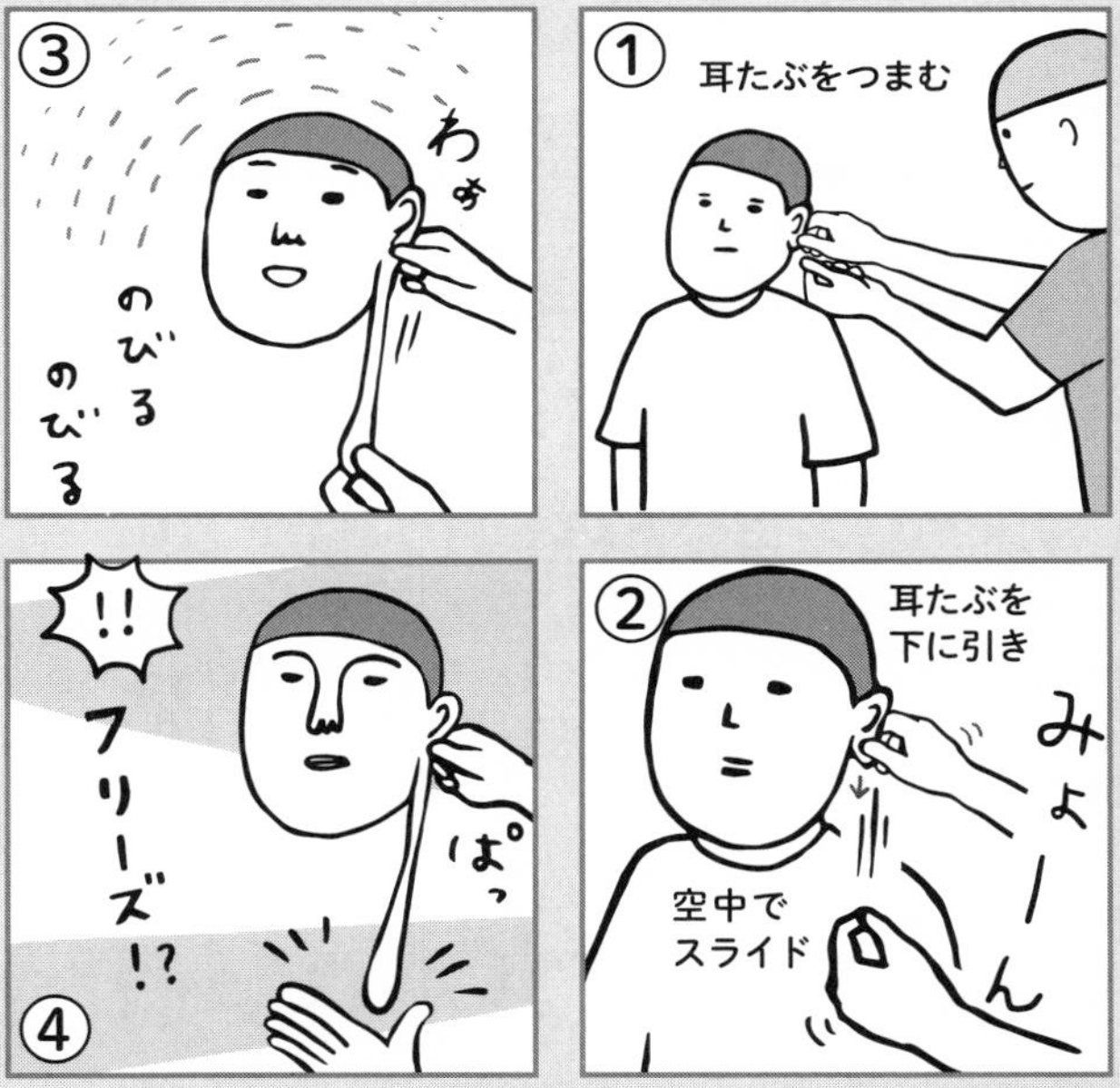

←動画が
みられます
（小鷹研究室）

【補足】第５章で解説する「スライムハンド錯覚」の原理を、耳たぶの皮膚に応用した錯覚。風船などのゴム素材を耳たぶにはさんで引っ張ることでも同様の皮膚伸び感覚が得られるが（動画参照）、伸びる距離は制限される。イラストのように、何もない空中で引っ張る方法であれば、人によっては際限なく耳たぶが長く伸びていく感覚が得られる。下方向だけでなく、あらゆる方向に伸び縮みが可能。

第5・7節で解説

試してみたい錯覚体験②

薬指のクーデター

薬指が中指を追い越してしまう！

① 2 人の薬指を向かい合わせる。

対面する 2 人が、お互いの薬指の先端を向かい合わせにギリギリまで近づけて（触れないように注意！）、掌を机に置く。実験者の側は、これ以降、自分の手指が動かないようにじっとしている。

② 2本の指で自分と相手の薬指の第一関節付近をぐりぐり転がす。

体験者は、机に置いていない方の手の人差し指と中指の腹を、それぞれ自分と相手の薬指の第一関節付近に押し付け、そのままぐりぐりと（自分から見て）前後に転がしてみる。この動作を、目を閉じた状態で続けてみる。

③ ぐりぐりやりながら、一番長い指がどれか考えてみると？

目を閉じたままぐりぐりと前後に転がしながら、机に置いている手の 5 本の指のうち、どの指が一番長いかを考えてみる。

④ 薬指が中指を追い越してる！

自分の薬指と相手の指がつながって、一本の長い指となったように錯覚する。錯覚している間だけ、薬指が一番長い指と感じられる。

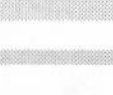

：目を閉じて行う

プロジェクトメンバー：佐藤優太郎・齋藤五大・小鷹研理

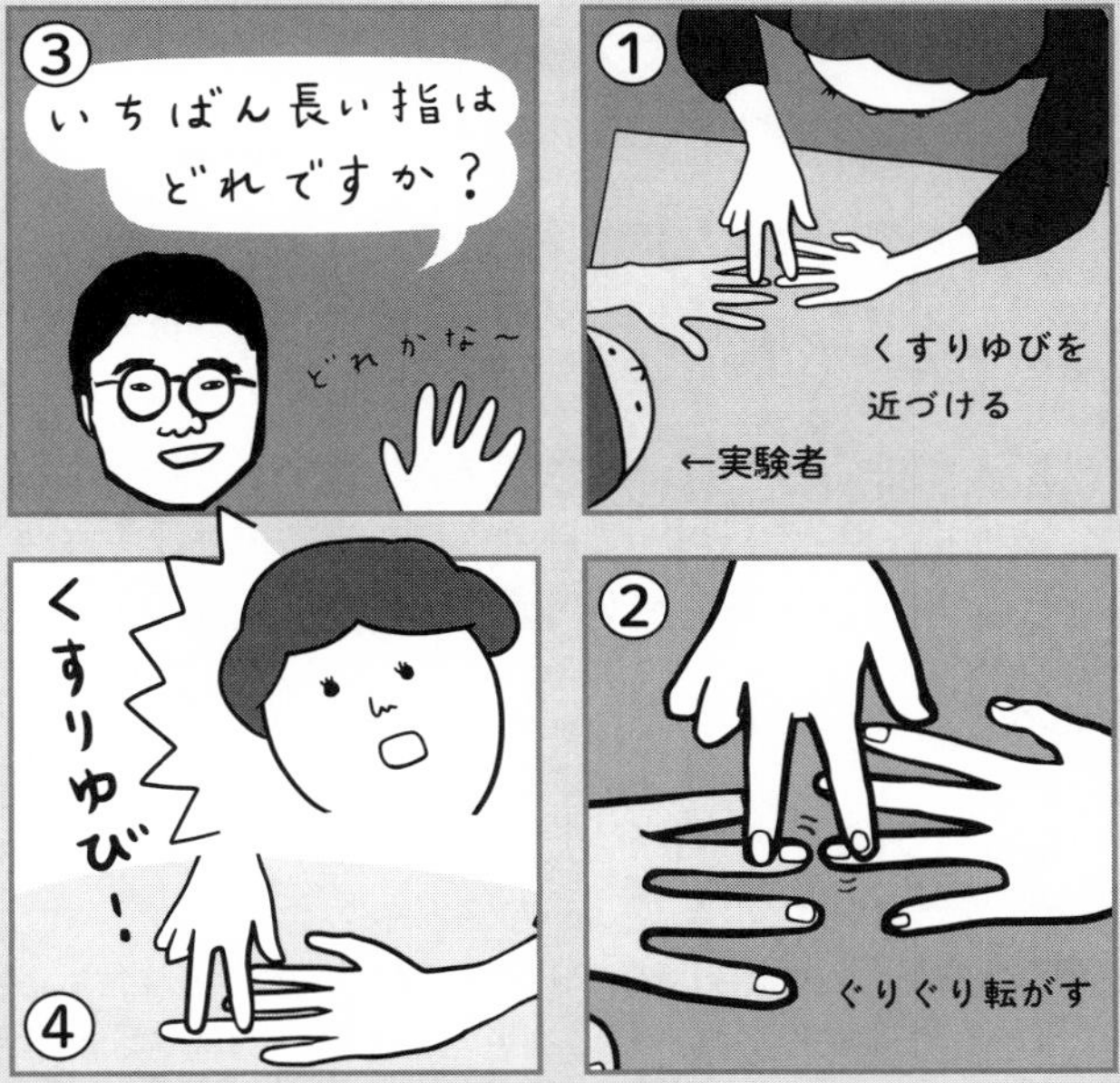

←動画が
みられます
（小鷹研究室）

【補足】第３章で解説する「ダブルタッチ錯覚」に分類される錯覚。体験者の指の延長線上に、棒状のモノ（ペンや単三電池など）をしっかりと固定することによっても同様の錯覚が得られるが、錯覚の感度はやや落ちる。相手がいるのであれば、実際の指を並べるイラストの方法がおすすめ。薬指以外の指でも同様のことが起きる。触れる指を増やすとより錯覚を感じやすくなる（《クアドタッチ》）。

第3・5節で解説

試してみたい錯覚体験③

グラグラスワップ

自分の指と相手の指が入れ替わる！

⓪ 2人の左手の人差し指を向かい合わせる。

対面する2人が、内向きにした左手の人差し指を向かい合わせにして、お互いの指の先端がぎりぎり触れないように、机に手を置く。

① 2人同時に、相手の人差し指の第一関節付近をぐりぐり転がす。

空いている方の手の二本指の腹を、相手の人差し指の第一関節付近に押し付け、2人で同時にぐりぐりと前後に転がす。以上を目を閉じて行う。

② 自分の指をぐりぐりしているようなイメージを強く念じる。

（しばらく何も感じられなければ）ぐりぐりしながら、心の中で「相手の指ではなく自分の指をぐりぐりしている」イメージを強く念じてみる。

③ あきらめずに、さらに強く念じてみると、

④ （相手ではなく）自分の指をぐりぐりしているように錯覚する！

ぐりぐりしている指が、相手の指から自分の指へとシュッと瞬間的に移動するように感じられると同時に、自分で自分の指をぐりぐりしているような錯覚に陥る。相手も同じことを感じているかも？

プロジェクトメンバー：小鷹研理・佐藤優太郎

←動画が
みられます
（小鷹研究室）

【補足】第２章で解説する「セルフタッチ錯覚」の仲間。２人が同時に錯覚を体験できる。２人の触圧の強弱をなるべく揃えてあげることがポイント。メトロノーム等を使って同時にタッピングすることでも同じ錯覚が得られるが（《トントンスワップ》）、指を押し付けぐりぐりさせるこの方法では、無理なく２人のリズムを合わせることができるのでおすすめ。人によっては、人差し指が長くなる感覚を強く覚える。

第2・1節で解説

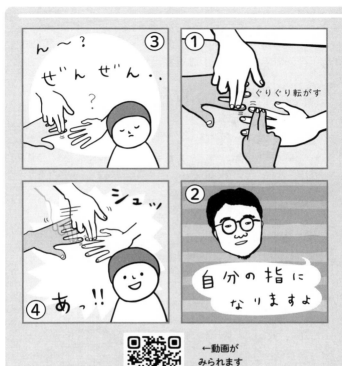

試してみたい錯覚体験④

蟹の錯覚（オリジナル版）

自分の手と相手の手の区別がつかなくなる遊び

⓪ A4の紙を半分に折る。

① 交差した両手で紙の裏から持つ。

交差した手の一方が奥に、もう一方が手前となるようにして紙の縁を裏側からつかむ。左右の手がともに、4 本指だけが見えている状態となることに注意。

② もう一人も同じく両手を交差させ、前後を互い違いにして持つ。

紙の空いているスペースを、対面する相手と互い違いになるようにして、同じ要領でつかむ。

③ 2 人で指をわしゃわしゃしていると、

④ 自分の手と相手の手の区別がつかなくなる！

わしゃわしゃしているのをぼーっと見ていると、自分の手だと思っていたのが実は相手の手だったり、その逆に相手の手だと思っていたのが自分の手だったり、といった具合に、自分と相手の手の区別がつかなくなる。

プロジェクトメンバー：佐藤優太郎・石原由貴・小鷹研理

←動画が
みられます
（小鷹研究室）

【補足】紙のサイズは大きくても小さくても構わないが、４本の手の距離が近いほど混乱の度合いが高まる。ただ紙をつかんでいるだけで混乱してしまう人もいる。混乱する感覚がうまくつかめない人は、目を細めて意識的に視覚の解像度を落としてみると、感じがつかみやすい。典型的には、自分の手が左右に並んでいるように錯覚することが多い。

第５・２節で解説

第1章

「からだ」とはなにか

――自分として感じられる身体と物体としての身体

この章に出てくる
動画はこちらから

1-1 身体と触覚がバラバラ!? ～痒みを感じる足と、目の前にある足

「所在なき痒み問題」から考える錯覚

突然ですが、みなさんは、身体のどこかが痒《かゆ》いのだけれど、いくら探ってみてもどこが痒いのかがわからなくて、とてもイライラした、というような経験はありませんか。まるで、鳴り止まない携帯の在処にたどり着けないときの、あの何とも言えない歯痒い状況です。

こうした状況が行き着くところとして、痒みの場所を探り当て、至福のひとときが訪れるかもしれません。あるいは、結局どこが痒いのかがわからないまま、この辺かなとあたりをつけた周辺の皮膚をただただだいたずらに痛めつけている、というようなこともあったかもしれません。

筆者も、稀にですが、過去にこうしたことに遭遇したことがあります。その個人的な体験を少し振り返ってみます。筆者は、自分の左足の甲の一部に強烈な痒みを感じて、その周辺の皮膚を爪でボリボリと掻いてみますが、残念ながら、全く手応えはありません。そこで、探索範囲を甲全体に広げ、皮膚上のありとあらゆる部分を漏れなく潰していきますが、それでも痒みの場所には届きません。しかたなく、くすぐったい思いを我慢しながら足の裏を掻いてみたり、まるで確信からは程遠い、足首やふくらはぎの適当な箇所を手当たり次第ボリボリやりだしたり、結局、

こうしたことをくり返しているうちに全てが馬鹿馬鹿しくなり、他の作業をしながら、痒みが消えるのをただただ待つという穏当な作戦に切り替えたのでした。多かれ少なかれ、読書の皆さんも似たような体験をしているのではないでしょうか。

本書の冒頭で、なぜこの「所在なき痒み問題」を取り上げたのかというと、この種のエピソードには、この本の主題であるからだの錯覚の問題を考えるうえで非常に有用な材料がたくさん詰まっているからです。まず、このときに筆者の頭の中に去来した違和感をなるべく正確に拾い上げてみることにしましょう。

痒みを感じはじめた当初は、痒みという不快感はあるものの、「身体のリアリティー」については特に異変は感じられませんでした。つまりこの足の、この辺りに痒みがあるという視覚的な身体のイメージと、痒みのシグナルを発する自分の身体とが正しく結びついていたのです。「所在なき痒み問題」は、痒みを解消しようとする行為が成就しないことによってはじめて顕在化します。痒みの生まれる場所と自分の指で掻く場所がいつまでも一致しないという強烈な不和状態が「身体のリアリティー」を喪失するトリガーとなったのです。

このとき筆者は、自分の左足が二つに分裂しているような妙な感覚に陥りました。一方は掻いている「目に見える足」、もう一方は痒みを発している「目に見えない足」、いわば幽霊の足です。

くり返しますが、痒みを感じていた当初は、この二つの身体は一致していたのです。ところ

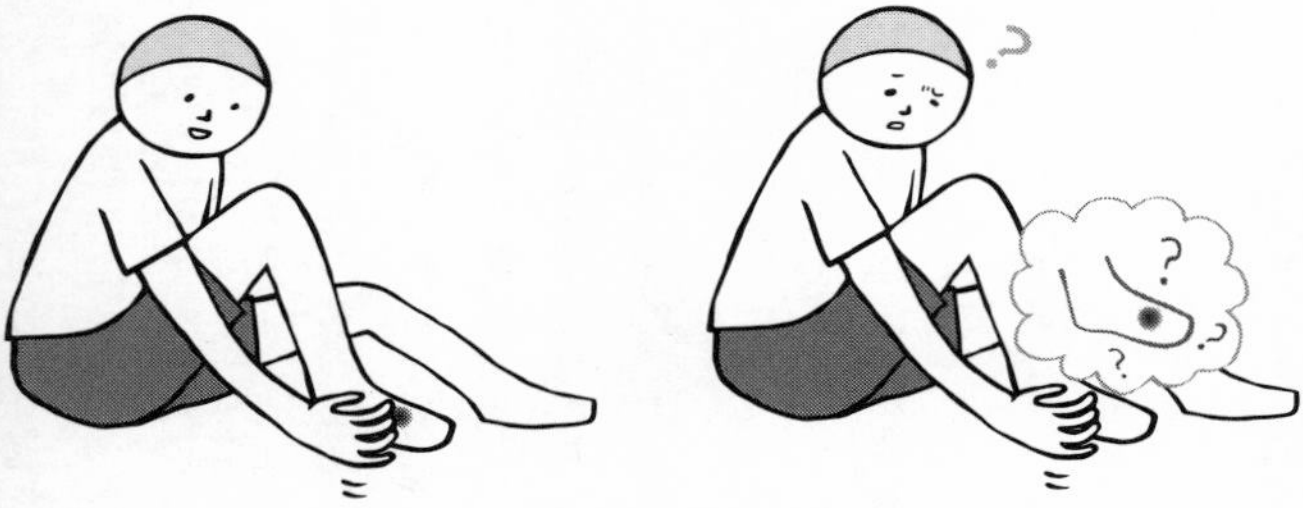

図 1-1　届かない痒みを発する「目に見えない足」

が、いくら掻いても痒みに届かない状態が続くことによって、痒みがこの目の前の身体の皮膚上のどこかにあるという確信が揺らぎ、ついには、「痒みを持った足」を「この目の前の足」に重ねることができなくなったのです（図1-1）。

これと連動して、実体を持たない痒みが身体という足場を失い、幽霊のように皮膚から遊離するような感覚にも襲われました。さながら幽霊の触覚とでもいうような。

他方、「この目の前の足」も無傷ではいられません。掻いても掻いてもまるで手応えのない状態が続くと、足の甲全体が、いつもと少し違う元気のない感じに転じ、まるで置物のように感じられます。自分の身体でありながら、感覚全般が失われている感じといえば伝わるでしょうか（これは、第5章で議論するナムネスと呼ばれる自己感の喪失と関係しています）。

このように、筆者を襲った「所在なき痒み」は、幽霊の身体を足場とする「身体なき触覚」を生み出すとともに、元々の身体と本来紐づいていたはずの「それが自分の身体である感覚」を、著しく損なってしまったのです。

以上のエピソードは、筆者の個人的な体験であり、多くの読者にとってはやたらと大袈裟な話に聞こえるかもしれませんが、実は、脳科学の世界では非常によく知られている「幻肢痛」の症状と共通する部分があります。

この症状は、ベストセラーとなった、ラマチャンドラン（Ramachandran）による一般書『脳のなかの幽霊』の中で詳しく紹介されています。それによると、手術によっていずれかの手足を切断した患者は、切断した結果はじめて空白となった空間に、痒みなどの不快な感覚を訴えることがあります。この痒みは原理的に排除することができません。なぜなら、痒みを持っている身体は既に切断されていて、物理的には存在していないからです。掻いて解消しようにも、そこには文字通り何もありません。見えない手足に存在する痛みに苦しめられることから、この現象には幻肢痛という名前が与えられています。

幻肢および幻肢痛については、第５－６節でも触れますが、ひとまず、手足の切断によって、多くの患者に「身体なき触覚」が実際に生じていることを理解してもらえれば十分です。

1－2　身体の感覚とはなにか

自己所有感のある「からだ」

体の錯覚について述べていくにあたっては、感覚的な、言葉では捉えにくい話が多く、ところどころで本書における用語の定義、使い方について整理する必要があります。その一つ「からだ」という表現について説明します。

先に挙げた痒みの例に限らず、本書で関心のある体の感覚とは、そのほぼ全てが、「それが自分のものである」と感じられるような、当人にとってのみ主観的にアクセス可能な自己所有の意識のことを指します。これは、実験心理学の世界では所有感（ownership）と呼ばれるものですが、筆者は、一般向けに説明する際には「からだ」という括弧《かっこ》付きの表記をすることとします。今後、本書の中で、文脈に応じて所有感と「からだ」のいずれかの用語が頻繁に登場しますが、特に説明が無い場合、「からだ」とは、そのような身体の所有に関わる主観的な意識および、その際の身体のイメージを指していると理解してください。

「からだ」を認識するのは触覚なのか

それでは、筆者の「痒み」に関する個人的なエピソードを入り口にして、からだの錯覚を議論するうえで最も基本的な「身体の感覚とは何か」の問いについて考えていきましょう。とはいえ、このままではあまりに漠然としているので、次のように言い換えてみます。五感などの感覚のうち、「それが自分の体である」という意識的な感覚を生み出しているものはどれでしょうか。

この問いには、ほとんどの人が触覚と答えるのではないでしょうか。つまり、触覚を意識的に感じていることが「自分が身体を有していること」に対する感覚を生み出している、ということです。この確信は、視覚や聴覚と異なり、触覚が、現実の皮膚上に何らかの物理的な刺激が加えられてはじめて生じるものであるという厳格な事実が関係している、と考えるのが自然です。

さて、この一見正しいと思える触覚至上主義（？）ですが、痒みを皮膚表面近傍の局所的感覚である触覚の一種であるとみなし、冒頭で紹介した「所在なき痒み問題」を思い出すと、その主張は非常に怪しくなります。なぜなら「痒み」の場所が、視覚や自分自身の接触行為により正しく同定できない状況では、「痒み」に紐づけられた自分の身体のリアリティーが著しく減退してしまうことがあるからです。

くり返しますが、痒みの場所に確信があっても、目で見て確認できる（目の前の）身体とうまく重ならなければ、痒みを生んでいる身体は、目の前の身体から遊離し、そのイメージは極めて曖昧なものとなります。つまり、触覚（痒み）が「からだ」の感覚を作り出すためには、触覚の発生源である位置情報に関して、他の感覚から得られる情報と正しく整合的である必要があるのです。

ここまでの話で、「からだ」＝触覚ではない、という、極めて重要な洞察に到達しました。この点は非常に重要ですので、もう少し詳しく掘り下げていきます。

先程の話では、掻くという行為をする以前、つまり、ただ痒みを感じていただけのときには、痒みが生まれている「からだ」は普段通りに安定的に成立していました。この時点の状態だけを切り出すと、触覚（痒み）単体で「からだ」は成立しない、というテーゼと矛盾するようです。

しかし、少し考えればわかりますが、痒みを感じているとき、その場所を実際に見ている見ていないにかかわらず、自分の身体における痒みの所在およびその周辺の身体については、明確な視覚イメージが存在しているはずです。そもそも、痒い場所を掻くという行為は、この視覚イメージによって空間的にナビゲーションされているのです。つまり、痒みや触覚に対して、内的につくりだされている視覚的なイメージが結びつき、それらの協働によって「からだ」は生まれているのです。

実は、痒みや触覚に限らず、単一の感覚がそれのみで「からだ」を生み出す、ということはありません。この点をより深く考えていくために、引き続き、「所在なき痒み問題」のもう一つの側面を探っていきます。

１－３ 身体内部の位置感覚!? ──固有感覚とはなにか

位置を認識する内的な感覚

「所在なき痒み問題」では、皮膚への接触の位置が痒みの位置といつまでも整合しないことによる不和が、「からだ」の感覚を損なう原因となっていました。これは触覚と痒みの感覚の不整合と捉えることもできますし、痒みが生まれた際に足を見て、「ここ」と視覚的に指し示すことのできる場所に、しかし「痒み」が無かったという意味では、視覚と痒みの感覚の不整合であるともいえます。これらを一般化すると、複数の感覚の情報が整合的であることが、「からだ」の感覚を安定的に維持するうえで重要であることを示しているようにみえます。

この感覚間情報の不一致について、もう少し身近な状況で思考実験（想像上の実験）をしてみましょう。目を閉じて、自分の右手が、たった今どこにあるのか想像してみてください。ある程度、明確に意識できるはずです。このような身体各部の三次元空間における位置に対する内的な感覚のことを専門的には固有感覚と呼びます（触覚も位置情報を持っていますが、これは固有感覚とは独立に生成される、皮膚上のマップとイメージしましょう）。

さて、思考実験を続けます。目を開けると、その位置に右手は確かにありますね。これこそが、身体が「からだ」であることを保証している、視覚と固有感覚の整合的状態です。

もし、目を開けたら、右手が思っていたところと違う位置にあったらどうでしょうか？　そんなことは馬鹿げていて、想像することに意味はないと考える人もいるかもしれません。しかし、おそらく先程の痒みの事例に負けず劣らずに一般的な事例のはずですが、寝起きの際に、長い時間、物理的に圧迫されていた腕が麻痺して、自分が思っていたのと全く違う位置に腕があったという経験はありませんか？　そして、この自分が思っていたのと違う位置に身体があることを視覚的に確認した瞬間に、一気に、腕が「からだ」ではなくなってしまった感じを帯びるはずです。

麻痺そのものが「からだ」の感覚を奪ったのではなく、「思った位置に腕がない」や「動いているはずの腕が動いていない」といった、視覚、運動感覚、固有感覚の間の不整合を意識的に確認することによって、腕から所有感が失われるのです。

感覚と感覚が一致しないときに起こること

「からだ」というものが、複数の感覚の情報が相互に整合的であることによって生じているらしい、ということがわかってきたところで、他にもいろいろな感覚の組み合わせで思考実験をすすめてみましょう。

自分の右手の甲を誰かが触っているのが目で見えているとします。このとき、対応する触感が全く感じられなかったらどうでしょうか。この場合、自分の手が麻痺していることを疑うかもしれませんし、もしかしたら、夢の中の出来事、あるいは誰か別の人間の身体の中に自分が入り込んでしまったというようなＳＦ的な感覚に襲われるかもしれません。いずれにせよ、目の前の右手に対する「からだ」が急速に失われていくのは容易に想像できます。

同じような例として、自分の意思とは無関係に、自分の右手なり左手なりが勝手に動いていたらどうでしょうか。これは先程の、腕の圧迫による麻痺の例と真逆のケースですね。この場合、身体はいつもよりエネルギッシュに動いていることになるので、「からだ」の感覚が消えてしまうことはないように思うかもしれません。しかし、想像してみるとわかりますが、このような状況で心穏やかでいることはほとんど不可能であるように思います。この不穏さとは、まさに手から「自分」が失われてしまっていることと関係しているはずです。

実は、ここで説明したような状況は、「エイリアンハンド・シンドローム」という（やはり不穏な）名前がついている通り、実際に存在する症例と対応しています。エイリアンという言葉が端的に示している通り、自分とは別の誰かの腕を保持している、あるいは自分の腕が別の誰かに乗っ取られたような感覚となり、ときに自分に対する攻撃性すら感じることがあるようです。いずれにせよ、この場合でも、やはり、自分の身体のリアリティーであるところの「からだ」が喪失する方向に作用することがわかります。

1-4 一つの感覚では成り立たない「からだ」

オーケストラのように生み出される認知

私たちの身体に生まれる、それが自分のからだであるという感覚＝「からだ」は、複数の感覚の情報が整合していることによって担保されていることが理解できたと思います。こうした「からだ」の特性を一般向けに説明するときには、筆者は、複数の楽器によって奏でられるオーケストラの比喩を借りて、オーケストラ認知という言葉で解説するようにしています。

つまり、オーケストラが心地よく響いている状態と、（本来）モノである身体が「からだ」であると自然に感じられている状態とを対応させるということです。オーケストラが心地よい響きを作り出すためには、楽器間でピッチ（周波数）が合っていること、および、時間がズレていないことが肝要です。ピッチが合っているとは、すでに検討したように、「からだ」において、複数の感覚由来の位置情報が合致している状態と考えればよいでしょう。

それでは「からだ」において、感覚間の時間にズレがあると、どんなことが起きるでしょうか？　ここでも思考実験をしてみましょう。

目の前の人が、自分の右腕を肩から手首に向かってゆっくりとなぞっているが、腕に描かれる視覚的な軌跡が、実際に感じられる触覚より3秒ほど遅れているとします。例えば、触覚がすでに手首付近に到達しつつある段階で、腕をなぞる相手の指の位置はまだ肘を通過していない、といった具合です。この場合、おそらく、自分の腕そのものを直接に見ているというよりは、カメラで記録された過去の腕の映像を、モニタのようなものを通して眺めているような気持ちになるのではないでしょうか。

では、それとは逆に、触覚よりも視覚が先行していたらどうでしょう。少しイメージすることが難しいですが、筆者の想像では、義手や義足などから、配線を通じて感覚情報が遅れて伝送されているような気持ちになるのではないかと思います。いずれにせよ、感覚間の時間の同期が崩れると、著しく「からだ」の感覚が減退するであろうことは、容易に想像できます。

オーケストラは、特定の感覚単体では「からだ」は生まれない、というテーゼを説明するうえでも非常に良い例えになります。ここでは、もう少し身近なジャンルとして、ポップミュージックを例に考えてみましょう。通常、ポップソングなどのスタジオ録音は楽器ごとで別録をして、最後にミキシングされることはご存知かと思います。このミキシング作業において、個々の楽器演奏データに関する各種のパラメータを適切に設定することによって、それらの演奏が一体となり、音楽としての奥行きが生まれることになるのです。

ところで、みなさんは、テレビなどで、ヒットソングのベースやパーカッションのトラック部分のみを聴く、というような経験をしたことがあるでしょうか。このとき、その原曲を知らない人にとっては、楽器単体のフレーズのみでは、いかにも奥行きを欠いた、単なる楽器の運指の練習に立ち会っているような気分になるでしょう。つまり、楽器単体の演奏を聴いているだけでは音楽は生まれません。この関係は、感覚単体では「からだ」が生まれないことに対応していますす。

他方で、原曲をよく知っている人にとっては、例えばベースのフレーズを聞いただけで、他の楽器が脳内で補完的に再生され、全体として生き生きとした音楽を感じることができるでしょう。現に聴こえてくる物理的な音響と、脳内で再生される内的な音響がハイブリッドで協働することによって、単一の楽器演奏であっても、音楽として昇華することができるのです。これは、すでに何度か例示したように、単なる触覚刺激が、触られている場所周辺の身体の視覚像を内的に生み出し、それによって「からだ」の生き生きとしたリアリティーが生まれていることと対応します。

引き続き、身体の視覚的な形状に関する条件を検討してみます。ここでも、オーケストラ認知の考え方を使って、理解してみましょう。

通常、各楽器から出される音には、基本周波数を基点として多くの倍音（基音の整数倍の周波数を持つ音）を含んでおり、それぞれの楽器らしさを作るのは、それらの音の波形であることはよく知られています。実際、全ての倍音を削って基本周波数のみになると、ピッチは変わらないのでメロディーは維持されますが、機械的な「ピー」という音（サイン波）となるため、楽器らしい奥行きのある感触は全く失われてしまいます。そのような機械的な音が混ざるような合奏では、オーケストラとしての心地よい響きとはならないでしょう。

同様に、例えば手の形が、円形や多角形のような幾何学的な形をしていたら、たとえ位置感覚が整合していても（つまりピッチが揃っていても）、「からだ」のリアリティーは減退してしまいます。実際に、身体が「からだ」となるためには、複数感覚間の時空間整合に加えて、適切な身体形状の呈示が要件となることがわかっています。

1－5　地面に映る影はなぜ「からだ」ではないのか

理解しやすい影の実態

さて、これまでの話を助走として、いよいよ身近な事象を題材とするからだの錯覚の例を一つ取り上げてみます。小鷹研究室による影の研究です。

図1－2の左を見てください。太陽に照らされて地面に伸びる影を、普段、私たちは自分の身体だとは思いませんし、そのように勘違いすることもありません。なぜでしょうか。

少し考えればわかるように、影には身体と親和的な特徴がいくつもみられます。まず何より影

図 1-2　日常的に経験する影、実験で設計した光源反転空間

は、身体の動きと連動して、全くの遅延なく追従してくれます。実際、バーチャルリアリティー（仮想現実）の観点からみると、自分の影は、スーパーコンピュータを使っても追いつかないような、極めて連動性の高い、性質の良いアバター（仮想空間などで、自分の分身のように表示されるキャラクター）であることがいえます。加えて影の形状についても、現実の身体の形状の比率を維持して相似的に投影面に映し出されます。これらの特徴は、影を「からだ」と感じさせるうえで非常に有利な材料のように思われます。

しかしながら、くり返しますが、このような影が「からだ」と感じられることはまずありません。なぜでしょうか。ここまで話を追ってきた読者であれば、難なく答えにたどりついている人もいるでしょう。そう、影と身体の位置が整合していないからです。要するに、目を閉じているときに感じられる身体各部の位置の感覚（固有感覚）と、視覚的に確認できる影の位置が決定的に離れていることが問題なのです。

影を「からだ」に引き寄せる!?

それでは、この影を、どうすれば「からだ」に少しでも近づけていくことができるでしょうか。ターゲットを手の影に絞って、方略を一緒に考えてみましょう。ひとまず、位置が合っていないことが問題だったので、影の位置を、できるだけ実際の手の位置に近づける、という方針を検討してみましょう。

例えば、暗い部屋で、机の10㎝程度上から携帯電話のライトなどで、自分の手を机上に照らしてみます（ぜひ実際に試してみてください）。この状態で、手を動かすと同時に、連動して動く手の影を見つめてみます。どうでしょうか。人によっては、影が自分の一部であるような、ドキッとするような瞬間があったかもしれません。ただこのやり方では、自分の実際の手がはっきりと見えてしまうという明らかな問題点があります。偽物を本物だと思い込もうというのに、すぐ近くに本物が堂々と露出しているようでは、うまくいくものもいかなくなります。「所在なき痒み問題」のときに、痒みを発する身体と目に見える身体とが分裂することで、一方の「からだ」が消失するかのような感覚におそわれたように、「からだ」は常に単一であろうとします。

この単一であろうとする性質は、人がある特定の時点で、複数に分裂した身体なり手足なりを同時に「からだ」として意識できない制約と関係しており、さらに根源的には、何かを意識する際につきまとう、人間の認知特有の原理に由来しています。この「一つのからだ」は、本書の今後の話題の中でくり返し登場する概念です。

では、この「一つのからだ」の条件を満たすために、少しばかりの工夫をしてみましょう。方針は、実際の手を視界から隠しつつ、手の影だけを、しかも実際の手と近接した位置に揃えて見せる、そのようなレイアウトを設計することです。これを実現するには、透明のアクリル板と白い布、そして携帯電話の光があれば十分です。透明のアクリル板に白い布をかけたものを簡易スクリーンとして、一方の手でこれを水平に保持し、もう一方の手を、このスクリーンの10〜20cm程度下に差し入れます。この手を、携帯電話の光で地面側から照らしてみてください（図1-2右）。光源からの距離をうまく設定してやると、ほとんど大きさの変わらない手の影が、自分の手の少し上側に、しかも自分の手を隠した状態で見えるはずです。

影に引き寄せられる手の亡霊

さてお待ちかね、これがからだの錯覚です、と言われたら、拍子抜けする人がいるかもしれません。さすがに、このテクスチャのない、二次元でノッペリとした影が自分の手そのものであるように強く感じるという人は、残念ながらほとんどいません。ただ、それでも多くの人は、自分

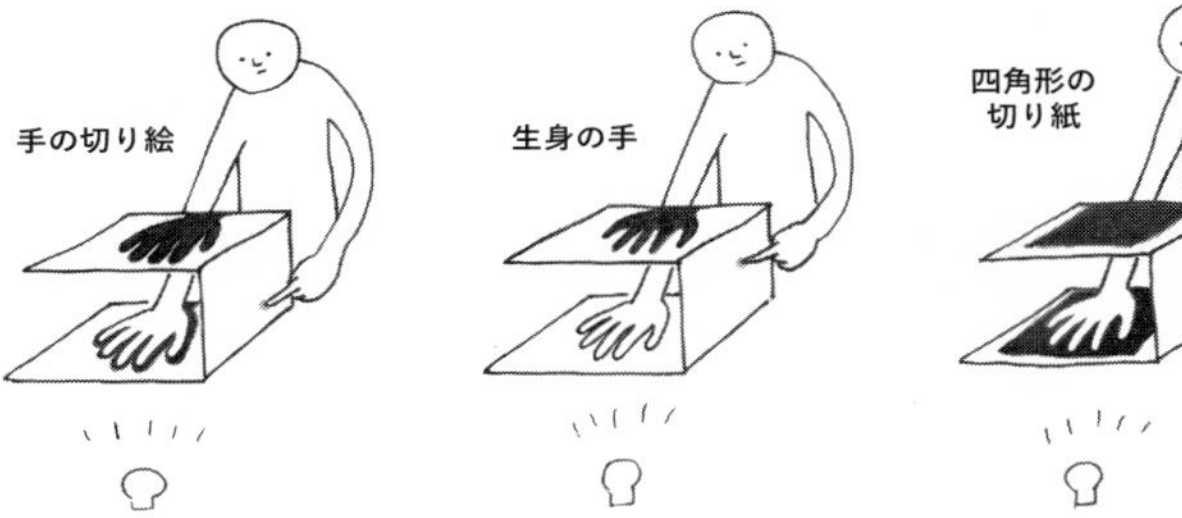

図１-３　影の心理実験

が今まで感じてきた影のリアリティーとは何かが違う、ということに気づいているはずです。

その正体は、スクリーンに映った手の影を見つめたまま、スクリーンをさっと横に避けて（誰か別の人にやってもらってもいいでしょう）、自分の実際の手が目に入ったときに明らかになるはずです。その瞬間、多くの人は、自分の手が「かくん」と下に落ちる感じを体験することでしょう。

実際、この種の実験装置で同じようなことをすると、多くの人から「あれ、こんなに自分の手は下にあったのか」という驚きの声が漏れます。逆にいうと、影を見つめているとき、自分自身の手の位置感覚が手の影の側に、すなわち上方に引き上げられているということになります。

小鷹研究室は、金澤綾香による大学院の研究として、この効果を実際に調べる心理実験を行っています。図１－３にみられるような、底面の光源（下段）と上段の投影面との間に手（中段）を差し込む、三層構造のレイアウトを適用した投影装置を用いて被験者実験を行ったところ、手の影が直接に投影されたときに限って、自分自身の手の位置感覚が、影に引き寄せられるように上昇することがわかりました。

とりわけ、この上昇が、手を動かす条件でも動かさない条件でも、同等のレベルで生起している点は注目に値します。というのも、静止状態にあっては、触覚や運動感覚が除外されているので、錯覚が誘起されるためには、（目を閉じたときに感じられる）肉体に根拠を持つ固有感覚の「からだ」と、新しい視覚の「からだ」との間で、強力な相同関係が成立している必要があるからです。

実際、この実験でも、幾何学図形や単に手の形をした切り絵を影とした条件では、位置感覚の変調は認められませんでした。「生身の影」は、そうした親密な相同関係を、ただただ物理法則の結果として演出することができる点で、非常に強力な錯覚因子といえるのです。

1-6 からだの錯覚の基本 ――ラバーハンド錯覚

この影の錯覚は、身体所有感の研究全般の中では、１９９８年に発表された**ラバーハンド錯覚**と呼ばれるカテゴリーに分類されます。これは、図１-４左に示すように、自分の手を衝立で隠した状態で、体験者から見えるゴムの手と、体験者からは隠れた自分の手の同じ部分に、同時に

図 1-4　典型的なラバーハンド錯覚のレイアウト

触覚刺激を与えるというものです。そうすると、ラバーハンドが自分の手そのもののように思えてくると同時に、刺激の後で、目を閉じて（図の場合）自分の右手の位置を左手を使って指さすように案内すると、錯覚を強く感じる人の手の位置感覚が、より強力にラバーハンドの方に引き寄せられているということがわかりました。先程紹介した影の実験は、このラバーハンド錯覚をアレンジしたものであることがよくわかると思います。

筆者は、現在の大学に赴任した2012年に、自身が担当する授業の準備の際に、家族に相手をしてもらい、この錯覚を自宅ではじめて体験し、一瞬でこの錯覚の虜となりました。はじめのうち、ホームセンターで買ってきたゴム手袋に綿を詰めて試しており、その時点でこの遊びの「ヤバさ」に夢中になっていたのですが、そのうち即席のゴム手袋では物足りなくなり、もう少しまとも

図 1-5　2人で行う即席ラバーハンド錯覚

なラバーハンドはないかと考えた結果、家族の実際の手をラバーハンドと見立てることを思いつきました。

図1-5のように、衝立で自分自身の左手を隠しつつ、家族の左手を衝立の手前に配置します。この状態で、メトロノームの音に合わせて、筆者が家族の左手の甲を叩くのと同時に、家族には衝立から隠れた筆者の左手の甲を叩いてもらう、という塩梅です。はじめてラバーハンド錯覚を知ったその日に編み出した、いわば「即席ラバーハンド錯覚」ですが、このときの方が、子供や妻の手が自分の手そのものに「変質していく」様を、より生々しく感じることができました。

実際、筆者が、からだの錯覚の研究へと傾倒していくにあたって、このときの体験は決定的でした。「即席ラバーハンド錯覚」は両者の体勢に無理を強いるという難点がありますが、うまくハマったときのインパクトは絶大です。影の実験が物足りなかった人は、ぜひ一度体験してみてください。

遅すぎたラバーハンド錯覚の発見

さて、この**ラバーハンド錯覚**と出会った日に、筆者がどのようなことを考えていたかについて、少しだけ振り返ってみます。先程も記したように、これを体験したときの筆者の驚きは、これまでの人生を振り返って比類する体験を探すのが難しいほど、それはそれは凄まじいものだったのですが、それと同時に次のような疑問が顔を出すことになります。「なぜ、これほどまでに手軽で、それでいてとんでもない衝撃を与える遊びが、世の中でほとんど知られていないのだろうか」。そもそも**ラバーハンド錯覚**が、学術的にはじめて世に出たのが１９９８年というのが奇妙と思うのです。

ラバーハンド錯覚の誘導方法は、近代以降に特有の先端的なテクノロジーを必要とするわけでもなく、素朴にいって、誰も思いつかないような奇抜なものであるようには思えません。そんなローテクな遊びを、（少なくとも学術上の記録としては）人類はＤＮＡの二重らせんが発見されてから40年以上も遅れて、発見することになるのは驚きです。

さらに、１９９８年に『ネイチャー（Nature）』という権威あるトップジャーナルに掲載されながらも、その後、心理系の分野で誰もが認知するような重要な存在となるには、さらに10年以上の長い長い歳月を要することになります。実際、2012年の時点で、**ラバーハンド錯覚**を中心的なテーマとして研究している日本人の研究者は、数えるほどしかいませんでした。

その後、この**ラバーハンド錯覚**を、筆者がいろいろな人に体験してもらう中で徐々にわかってきたことは、ラフな条件で行ったラバーハンド錯覚に対して筆者ほどの衝撃を受けてしまう人が、実のところ、それほど多くはいないということです。筆者の実感と社会での認知度がかけ離れていたことの理由の一端には、間違いなくこの個人差の問題があります。

最初の疑問に戻ると、筆者の直感では、パーソナル・コンピュータの普及が、1990年代後半における**ラバーハンド錯覚**の登場の後押しをした側面が指摘できるように思います。というのも、**ラバーハンド錯覚**は、身体を物理的な実体としてではなく、複数の感覚信号の組み合わせによる一種の情報的な効果として扱うものであるからです。

コンピュータの普及により、事物を情報的に処理する感受性が世界に浸透しつつあった1990年代後半に、「情報としての身体」を謳う**ラバーハンド錯覚**が発表されたことは、単なる偶然であるとは思えないのです。

個人的に、この「ラバーハンドの遅い発見問題」は非常に興味深い論点なのですが、ここでは、これ以上の深入りはやめておきましょう。以下では、**ラバーハンド錯覚**の内容をもう少し詳しくみていくことにします。

1-7 「からだ」の場所はなぜあちこち彷徨うのか

「固有感覚のドリフト」のしくみ

影の実験でも、**ラバーハンド錯覚**でも、錯覚を感じているときに、自分の手の位置感覚が、偽の手（ラバーハンドまたは手の影）の方向へと移動することを紹介しました。この現象には、固有感覚のドリフト（漂流）を意味する「proprioceptive drift」という名前が与えられています。

すでに紹介しているように、目を閉じているときに感じられる身体各部の位置感覚は、専門的には固有感覚と呼ばれる感覚の一種に分類されており、実際には、主に関係する複数の関節の回転状態を基に計算されています。英語のproprioceptionは、ラテン語で「自分自身の」を意味する「proprius」に由来していることからもわかるように、自分自身の身体内部に根拠を持つ感覚である点が、固有感覚の有する何より重要な特徴となります。

固有感覚のドリフトは、対象となる手の位置感覚を、錯覚前と錯覚後にもう一方の手で目を閉じたままにポインティングするなどして計測し、その差分を算出することで求められます。このような手軽さもあり、所有感を扱う錯覚研究において最も頻繁に使用されている行動指標となっています。

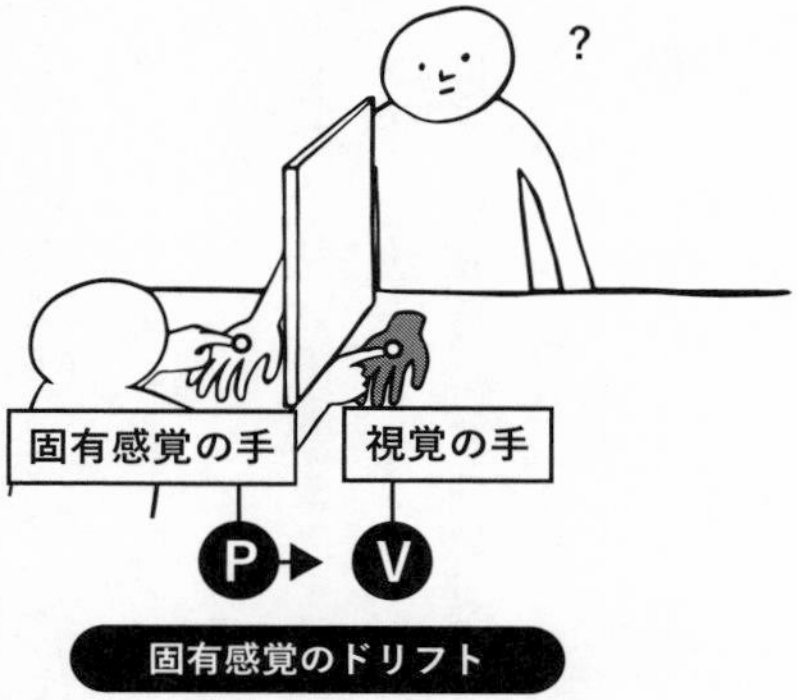

図 1-6　ラバーハンド錯覚による位置感覚の変化

ここでは**ラバーハンド錯覚**において、固有感覚のドリフトがなぜ起きるのかについて、少し掘り下げて考えてみましょう。通常、地面に映る身体の影を見ても位置の感覚が何らぶれることがないように、錯覚の誘導を行っていない状況下でラバーハンドが目に入っても、自分の手の固有感覚が影響を受けることはありません。自分の手を隠したうえで、視触覚の同時刺激というややこしい手続きを踏むことで、自分の手の固有感覚がラバーハンドの方向に移動するのです（巻末注1）。

意識の上では、視覚的に確認できる（V）の位置にあるラバーハンドを自分の手であると感じたい。しかし、身体の中に耳をすませて聞こえてくる手の位置は（P）の位置にある（図1－6）。視覚由来の位置（V）の手と固有感覚由来の位置（P）の手を、それぞれ別々の「からだ」として所有することは、すでに指摘した「一つのからだ」条件に抵触してしまいます。これら（V）と（P）の位置をなるべく揃えてあげることで、認知的な不協和状態を解消し、複数の感覚由来の「からだ」を一なるものとして統合することができるのです。

信頼性の高い視覚と、曖昧な固有感覚。その意味とは

それでは、この不協和を解消する認知の方策として、なぜ（V）が（P）の方向にドリフトせずに、（P）が（V）の方向にドリフトするのでしょう。そもそも（そのようなことが可能であるとして）（V）が（P）の方向にドリフトするとは、どのような事態と対応するのでしょうか？

このような思考実験は、認知に宿る非対称性を理解するうえで非常に有用です。（V）は視覚的に確認できる、相手がラバーハンドに触れているポイントです。したがって、（V）が（P）に向かうとは、視覚の空間が歪んで、ラバーハンド周辺の空間が全体的に右手の方向に平行移動しているということになります。このような奇怪な事態が想像しにくいのは、視覚世界が極めて安定している、という私たちの経験的な実感と関係しているように思います。

例えば、机の上のペンを取ろうと思ったが、見た目より数cmズレていて、うまく掴めなかった、というようなことはありえないでしょう（仮にそのようなことがあれば、それは当人には運動感覚の失調と解釈されるはずです）。実際、私たちの認知システムは、視覚から得られる空間情報に対しては、解像度が十分な限り、絶対的な信頼性を与えています。逆にいうと、錯覚の都

合で、安易に視覚世界を歪ませたりスライドさせることができないのです。

翻って、固有感覚についてはどうでしょうか。実際に、目を閉じて自分の手がどこにあるかを内観して（自分の意識やその状態を知ろうとする）みてください。あるいは、このとき、視覚的なイメージが合わせて召喚されていることに気が付く人もいるかもしれません。いずれにしても、その手の像が揺らいでいたり、ぼやけているということはなく、「ここ」と一点で感じることができているはずです。この意味では、固有感覚による位置の安定性は、視覚の場合とあまり事情は変わらないようにみえます。

それでは、固有感覚による位置情報はどれほど信頼のおけるものなのでしょうか。これを調べるための簡単な実験を行ってみましょう。目を閉じて、左手を机に添え、右手の人差し指を下に向けたまま、机から50㎝程度上方からゆっくりと下降させていき、左手の中指の爪をピンポイントで触ることができるかどうかを試してみてください（一回でうまくいった場合、何度も左手の位置や向きを変えてトライしてみてください）。

どうでしょうか。人にもよりますが、かなり筋の良い人でも、数回に一回は失敗してしまうのではないでしょうか。この実験は、左右の手の位置感覚の不定性がオーバーラップしていることに注意が必要ですが、類似の実験の報告によると、この種の課題では平均的に数㎝の誤差が認められるようです（また、この誤差は身体の中心から遠くなる程、大きくなることがわかっています）。

いずれにせよ、このような簡単な実験ではありますが、固有感覚が視覚ほどの位置情報の信頼性を有しないことが強く実感できるはずです。

ここで、もし固有感覚によって得られる位置情報が、視覚と同程度に信頼できるものであったならどうなるか、考えてみましょう。その場合、視覚情報と固有感覚の位置情報の不協和は解消できず、したがってラバーハンドに「からだ」が宿ることは叶わないはずです。固有感覚の曖昧さは、裏を返せば、相手に合わせることのできる柔軟さを意味しているのです。

逆に言うと、位置に絶対的な信頼を有している視覚は、融通がきかずに相手に歩調を合わせることができないという側面があります。すなわち、固有感覚が本来的に宿している曖昧さこそが、**ラバーハンド錯覚**を享受できる「能力」を私たちに授けているということができるでしょう。

1-8　自分の「からだ」はどこまでか

「からだ」のマージン——身体近傍空間

前節で、固有感覚の曖昧さを逆手に取ることで、ラバーハンドと実際の手との位置情報の不協和が解消され、からだの錯覚が生じるのだということを述べました。逆にいうと、この曖昧さの限界が、そのまま錯覚の空間的限界を示している、とも考えられます。

ここで、一旦立ち止まって考えてみたいことがあります。固有感覚の精度は、視覚よりも劣るとはいえ、先程の簡単な実験でわかるように、せいぜい数cm程度のエラーに収まるはずです。ところが、**ラバーハンド錯覚**の実験は、水平方向に配置する場合、手との距離を20cm程度として行うのが一般的です。この距離は、定常時の固有感覚のエラーよりも明らかに大きいことを考えると、からだの錯覚は、固有感覚の誤差空間を、定常時と比べて一気に押し広げていることになります。

では、錯覚が生じるための、ラバーハンドと実際の手との水平距離の限界はどの程度となるでしょうか。2007年に発表された論文では、18cmの距離から10cm毎に距離を離していったところ、錯覚の強度が徐々に減退していくことがわかりました。その中で、偶然では説明できないほどに錯覚強度が悪化する境界は、ただ一つのペア、18cmと28cmの間にあることがわかりました。これは、（逆側からいうと）錯覚の感度は、距離が20cm程度から急激に上昇するということ、すなわち、自分の手の周囲20cm程度の領域に別の手のイメージが提示されれば、そちらに乗り移る可能性が一気に高まることを意味しています。

このようなからだの錯覚を許容する、身体境界の外側に広がる範囲のことを、実験心理学の世界では「身体近傍空間」と呼んでいます。身体近傍空間は、いわば「からだ」を囲う透明なマージンのようなものであり、第3章で空想の限界の議論をするうえで非常に重要な概念となります。

ラバーハンド錯覚における回転の影響についても、いくつかの実験で調べられています。細かくは立ち入りませんが、はっきりとしているのは、90度や180度のように、大胆に回転したラバーハンドに対しては、いくら実際の手の近傍に配置されていても、ほとんど錯覚が生じないということです。

この問題を考えるために、試しに机の上に添えた手を、数十度回転させてみてください。その程度でも、すでに、関節にある程度の無理を強いていることを意識的に自覚できると思います。大きく回転させたラバーハンドに対して錯覚が生まれないのは、無理な体勢に対応しているはずの視覚由来の「からだ」と、（実際には）平穏な状態である固有感覚由来の「からだ」との間に生じる巨大なギャップを埋めることができないためです。そのため、**ラバーハンド錯覚**において、向きを揃えることは非常に重要な要件となります。

以上を踏まえつつ、**ラバーハンド錯覚**がある程度の強度で起きるための一般的な4つの空間条件をまとめると、以下のようになります。

（1）自分の手を隠してラバーハンドのみを呈示する〈「一つの身体」条件〉
（2）ラバーハンドを自分の手の形に似せる〈形状類似条件〉
（3）自分の手とラバーハンドの距離を20㎝程度以内とする〈身体近傍条件〉

1-9 「『からだ』と触覚がバラバラ」をふたたび考える

軟体生物のような手になってしまう錯覚

小鷹研究室は、**ラバーハンド錯覚**をアレンジしたものとして、《軟体生物ハンド》と呼ばれる錯覚を、展示やワークショップなどで発表しています。これは、アマゾンなどで購入できる、1万円程度のシリコンのハンドモデルを使って、**ラバーハンド錯覚**の要領で、金属の鍵でシリコンハンドの表面をなぞったり、ぐりぐりと押し込むと同時に（シリコンハンドの真下に、体験者から見えないように配置した）実際の手の対応部位に触れるものです（図1-7）。この錯覚においては、シリコンと金属の組み合わせこそが極めて重要です。

この錯覚の面白さは、意識では、自分の皮膚が鍵の先端で深く押し込まれているといったような「異常事態」を認識しつつ、他方で無意識のレベルでは、それがいかにもあたりまえであることのように自然に受け入れられてしまう、このギャップにあります。つまり、自分の意思ではどうにもならないほどに、「からだ」のマテリアル（質感）が変質して感じられてくるのです。

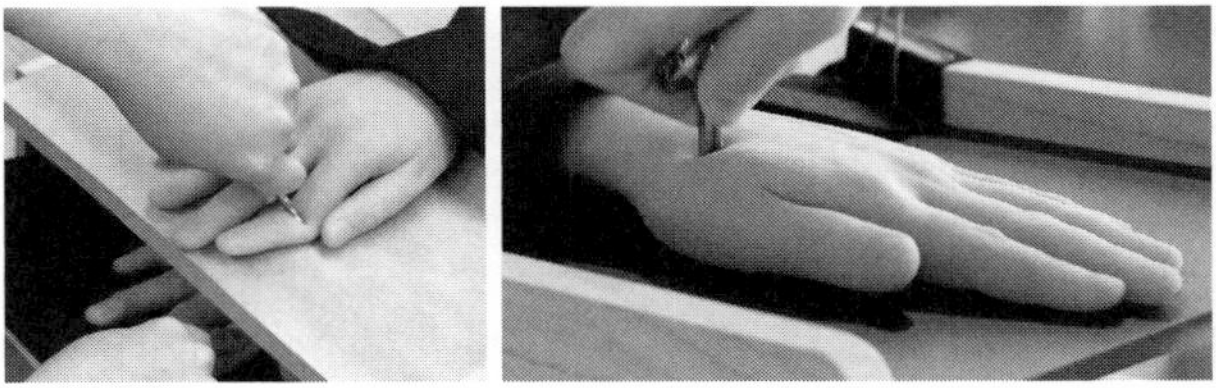

図 1-7　軟体生物ハンド

この自分の手が「ぐにゃんぐにゃん」となってしまう感覚は、有無を言わさぬ強制力をもって起こるものであり、実際に筆者がこれまで考案してきた古典的な**ラバーハンド錯覚**の中で、体験者側で最も強烈な反応を引き起こすものの一つでもあります。

図1-8の上は、この錯覚を、筆者の大学の授業の受講者34人に体験してもらった際のアンケート結果です。ひとまずこの時点では、左側の所有感の結果に注目してください。34人中23人（68％）が、シリコンハンドに対して「からだ」を強く感じている（プラス2以上の強度）一方、ネガティブな報告をした学生はわずかに4人です。この結果は、《軟体生物ハンド》の圧倒的な威力を物語っています。

「からだ」じゃないのに触覚がある!?――擬似触覚

さて、それでは次に、このシリコンハンドを、実際の手を撮影したものをカラープリントしたペラペラの印刷紙に替えると、錯覚の印象はどのように変わるでしょうか（図1-8では「印刷紙ハンド」と表記しています）。二次元という点では、先程の影の実験に

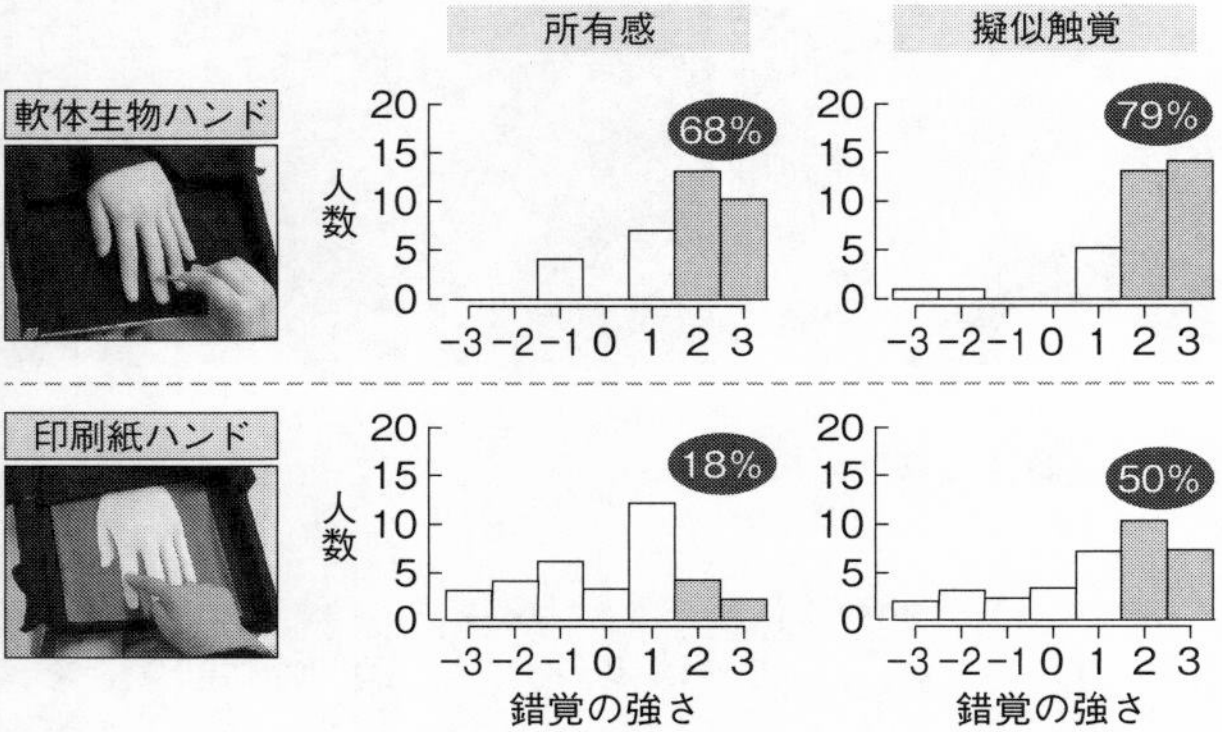

図 1-8　軟体生物ハンドと印刷紙ハンドの錯覚感度

少し似ていますね。この場合、身体所有感の錯覚を強く感じる人は、20％以下（6／34）と大幅に減ります（図1‐8左下）。錯覚感度の強い筆者でも、この紙の手を実際に、自分が保持している、というような感覚はほとんど生まれません。

しかし、所有感とは別に、相手が（自分の手と同時に）紙の手のイメージを触った瞬間に、その触った場所から正確に触覚が生まれているような感覚は強く感じられます。実際、同じ実験では、ちょうど半数の被験者（17／34）が、この擬似的な触覚を強く感じていることがわかります（図1‐8右下）。

実験心理学の用語では、この感覚を、所有感と区別して「referral of touch」と呼びます。「referral of touch」は、直訳すると、「触覚の転移」あたりになるかと思いますが、以下では単に「擬似触覚」と表記していきます。実は、擬似触覚は、触覚と「からだ」が分離して顕れるタイプの錯覚体験を説明するうえで、必然的に要求される概念と対応しています。どういうことでしょうか。

通常、**ラバーハンド錯覚**において偽の手に対して所有感が生じる場合、視触覚の同時刺激によって、偽の手からはダイレクトに擬似触覚が感じられます。先に行った思考実験でも指摘したように、自分の手が触られているのが見えるのに、触覚が感じられなければ、所有感が著しく損なわれてしまうことは容易に想像できるはずです。この意味で、「所有感はあるが触覚が無い」というタイプのねじれは一般的に起こりえません。

他方で、印刷紙ハンドでは、自分の手とは感じられない印刷イメージから擬似触覚が生まれていました。これは「所有感は無いが触覚はある」という、もう一つのねじれと対応しています。実は、このように「からだ」から遊離した擬似触覚は、ラバーハンドの形状の類似度が低くなると、頻繁に発生します。つまり、触覚は、当人にとっての「からだ」でないものからも生じることがあるということです。

要するに、錯覚によって、架空の空間に触覚をでっちあげることは、「からだ」をでっちあげるよりも、はるかにハードルが低いということがいえます。図１-８のグラフからみられるように、所有感よりも擬似触覚の錯覚生起割合が高くなっているのはこのためです（《軟体生物ハンド》の場合も、擬似触覚を強く感じる被験者は79％まで上昇します）。

ところで、この種のねじれ体験は、「所在なき痒み問題」で指摘したような「身体なき触覚」

を、実験室レベルで誘導しているものであることにお気づきですか？　ここでも、「からだ」＝触覚ではない、ということがより強力なかたちで理解してもらえたのではないでしょうか。

1－10 本当は、皮膚は石のように硬いかもしれない！

マーブルハンド錯覚

さて、ここからは**ラバーハンド錯覚**のバリエーションとして発表されているもののうち、筆者が実際に体験をして、気に入っているものを二つほど取り上げていきます。まずは、２０１４年にイタリアとドイツの研究グループによって発表された《マーブルハンド錯覚》と呼ばれるものです。この錯覚は、その名の通り、自分自身の手のマテリアルが大理石（マーブル）のように変質してしまうというもので、先程取り上げた《軟体生物ハンド》とは硬さに関して対になるものです。

まずは、体験者の立場になって、この錯覚の誘導方法を説明しましょう（図１－９）。体験者は、ヘッドホンを装着し、一方の手を机の上に添えていますが、高さ10㎝ほどの衝立によって、手首から先の部分だけが体験者から見えないように隠されています。目の前では、実験者が、ト

図 1-9　マーブルハンド錯覚の誘導

Senna, I., Maravita, A., Bolognini, N., & Parise, C. v.（2014）. The Marble-Hand Illusion. *PloS One*, *9*(3)

ンカチで自分の手の甲を定期的に叩いています。しかし実際には、目の前の衝立によって、トンカチを手の甲に振り下ろす直前までは目で追えますが、触れる瞬間は見えていません。

さらに、手の甲の接触を感じる瞬間に、ヘッドホンから「コツン！」という、硬い石を叩くような特徴的な音が聞こえます。実験者側は、実際にハンマーで手の甲を叩いているのですが、強く叩くと怪我をさせてしまうので、穏やかに（論文ではgentlyと書かれています）触れている程度です。このような試行を5分ほど続けていると、自分の手の皮膚のマテリアルが、硬直した石のような感覚に変質していくというものです。

触覚よりも視覚や聴覚に左右される、変幻自在な皮膚のマテリアル

この特徴的な錯覚を題材として、皮膚の素材感覚に関する理解を深めていきましょう。そもそも私たちは、自らの皮膚の硬さに対するイメージを、どのようにして獲得しているのでしょうか。

目を閉じて、自分の皮膚の硬さに耳を澄ませてみてください。この時点で、少なくない読者は「自分自身の皮膚の硬さに対する（机ともガラスともゼリーとも異なる）、あの人間の皮膚に固有の柔らかな感触が明確に感じられている」、そのように考えるかもしれません。本当でしょうか？　あなたの腕の皮膚の硬さは大理石やシリコンのようなものとは違う、と本当に断言できますか？

これまでの経験的な知識は全て無かったことにして、もう一度、皮膚の硬さに耳を澄ませてみてください。いかがですか、少し不安になってきたのではないでしょうか。この不安を解消するには、実際に自分の皮膚を自分で触るか相手に触ってもらうのが最善の策のように思われます。それでは、実際に皮膚をツンツンと触ってみてください。ここまでくれば、自分の触感の正しさをなお疑う人は、ほとんどいないのではないかと思います。

しかし、ここまで来てもさらに安心するべきでないことを、《マーブルハンド錯覚》や《軟体生物ハンド》は教えてくれています。《マーブルハンド錯覚》は、実験者による皮膚へのタップ

と同時に、「コツン！　コツン！」という音を与えられると、皮膚の素材感覚が石のように硬くなるというものでした。《軟体生物ハンド》は、皮膚への触覚と同時に、シリコンの手に鍵の先端を深く差し込む光景を見ることによって、皮膚の素材感覚がシリコンのように柔らかくなるというものでした。いずれの例でも、皮膚への（この場合、実験者による）触覚は、物理的な皮膚の素材感覚を伝えるうえで、何の役にも立っていないようにみえます。

これらは、私たちの認知システムが、皮膚の素材感覚をつくりだすうえで、触覚から得られる情報よりも、視覚や聴覚から得られる情報を重視していることを示しています。実のところ、触覚から得られる皮膚の素材に関する情報は、身体にとっての本来的にバーチャルな視聴覚情報によって書き換えられてしまう程度に、微々たるモノでしか無かったのです。つまり、私たちの皮膚のマテリアルに関する信念は、おそらくは、ほとんど視覚や言語による経験的なものに過ぎなかったと考えることができるのです。

「触感」のいい加減さ

筆者が、ここで指摘したような皮膚の素材感覚の恣意性を強く実感したのは、《軟体生物ハンド》を体験している最中に、試しに目を閉じてみたときのことでした。錯覚体験中に、すでに筆者の手の素材感覚は完全に軟体生物の皮膚のようになっていたのですが、驚くことに、目を閉じても、その感覚が完全に維持されていたのです。実際、筆者の心の中では、相手が自分の手の甲をぐいぐい押し込むのと正確に連動して、自分のシリコン化した皮膚がぐいぐいと金属の鍵によって奥深く差し込まれる光景を、目を閉じても極めて正確にイメージすることができました。

このとき、皮膚に埋め込まれた触覚センサーが、それ単体では、自らのマテリアルに関する情報をまるで持ち合わせていないことに対する強い気づきを得たのです。「情報とは差異の表現である」という観点からすると、短期的にも長期的にも皮膚のマテリアルの大きく変わることのない人間の認知システムにおいて、触覚が素材に対する積極的な情報を何も提供しないということは、極めて理にかなっているといえます。逆にいうと、ここで紹介した錯覚は、人間の自己触感認知の「いい加減さ」をうまく利用しているともいえるのです。

1-11 錯覚による「物質からの解放」

インビジブルハンドで強烈な錯覚を体験

本章の最後に取り上げるのは、2013年にアーソン（Ehrsson）のグループが発表した《インビジブルハンド》と呼ばれる現象です。この錯覚誘導の方法は、極めてシンプルです。**ラバーハンド錯覚**の要領で、体験者の手とラバーハンドに対して同時に触覚刺激を与えます。ただし、

図 1-10　インビジブルハンドの誘導例

実際には、ラバーハンドが置かれている位置には何もありません。実験者は、ラバーハンドが置かれているという体で、まるで透明のラバーハンドの表面をなぞるように、空を切るかたちで、毛筆の先端を走らせます（指先で触れるように見せる方法でも構いません）。このような手続きを行うと、体験者は、まるでそこに「見えない手」が存在するような感覚に陥るというのです（図１－10）。

筆者は、この論文をはじめて目にしたとき、この錯覚の実際の体感についてうまく想像することができず、個人的には長らく注目できていませんでした。最近になって、研究室の別のプロジェクトの中で、骨模型を用いた鏡による**ラバーハンド錯覚**を試している際に、鏡の背面にある筆者自身の指をなぞってもらうのと同時に、鏡像である骨模型の数㎝上をなぞってもらうことによって、《インビジブルハンド》の感覚を、はじめて身をもって体験することができました。そこで目の当たりにしたのは、「なんとなく」などというような甘ったるいレベルでは決してなく、そこに「自分の手がある」としか言いようのない、確固たる実在の感覚だったのです。

率直に言って、今まで味わったことのないような極めて奇妙な体感であり、同時に、身体が物質から解放されたような、根源的に自由な感覚を強く覚えたのも事実です。とりわけ指と指に挟まれた根元の柔らかい部分をツンツンされているときの感覚は、ただただ笑ってしまうような気持ちよさがあり、皮膚の中でも、（風船のような）気体的な触感を持つ部分との相性が良いということも、さまざまな試行を通して理解しました（このとき、さまざまに学生と試していたことが、第5章で紹介する**スライムハンド錯覚**の発見につながります）。

ないところに「からだ」を感じる

《インビジブルハンド》は、一見すると「身体なき触覚」の一つのバリエーションであるかのようにみえるかもしれません。しかしこの解釈は正しくありません。例えば、インビジブルハンドと似た方法として、空中をなぞる代わりに何も無い机の表面をなぞることもできます。このとき一定の被験者は、机の表面に擬似触覚を感じますが、そこには「からだ」はありません。この現象が、形態類似度の低いラバーハンド条件で起こりやすい点についてはすでに説明した通りです。

他方で、《インビジブルハンド》による体感はこれとは明確に異なります。くり返しになりま

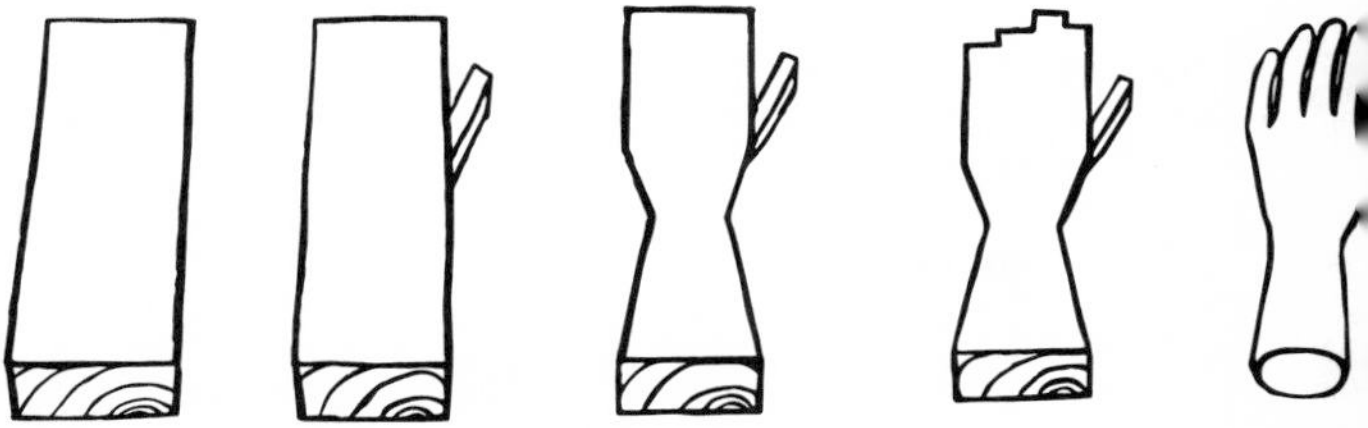

図 1-11　所有感から拒絶される木材ブロック
Tsakiris, M., Carpenter, L., James, D., & Fotopoulou, A.（2010). Hands only illusion : multisensory integration elicits sense of ownership for body parts but not for non-corporeal objects. *Experimental Brain Research*, *204*（3）

すが、多くの人は、この錯覚によって「見えない手」の強力な実在を確かに感じているのです。ここには擬似触覚のみならず、所有感を基盤とする「からだ」が存在します。

実際、この透明な「からだ」からは、三次元的な奥行きや膨らみが、ありありと感じられます。この錯覚体験から得られる何よりも重要な知見は、「からだ」が、少なくとも視覚的な水準では、物質的な実体を必要としないということにあるように思います。

「物質からの解放」が意味するところについて、最後に少しだけ補足します。勘の良い読者は、今回の事例が、**ラバーハンド錯覚**を感じるための2つ目の要件である〈形状類似条件〉に矛盾していることに気づいたかもしれません。

ツァキリス（Tsakiris）らによる2010年の研究（図1-11）では、手の形状をした一般的なラバーハンドに加えて、それぞれに手との類似度が少しずつ異なる4種類の木材ブロックを使って、**ラバーハンド錯覚**の実験を行いましたが、所有感が宿ったのは一般的なラバーハンドを使用したときのみ（図の右端）であり、どの木材ブロックを用いた場合も錯覚は生じませんでした。以上の結果より、彼らは、**ラバーハンド錯覚**の誘導において、視界内に提示されるモノは、身体の各部位に関する形態的な情報を有している必要があると結論づけました。

ところで、彼らの実験で、所有感から拒絶された木材ブロックのうちのいくつかは、角ばってはいるなどの粗さは目立つものの、それが手の模型であることを認識可能なほどには、一応の工作はなされていました。そうであれば、何ら積極的な視覚情報を含まない《インビジブルハンド》には「からだ」が生じて、曲がりなりにも手のような構造を有している木材ブロックでは「からだ」が生まれないというのでは、どこか勘定が合わないのではと感じるかもしれません。このねじれは、いかにして起きたのでしょうか。

無意識の「からだ」が引き出される

実は《インビジブルハンド》の勝因は、「余計なことをしていない」ことにあったのです。《インビジブルハンド》は、視覚的にラバーハンドを呈示していないようにみえて、実のところ、体験者の無意識の中に眠る「からだ」を物理空間に引っ張り出してきている、と考えるべきでしょう。

実験者による視触覚刺激の呈示が適切である限りにおいて、奥行きのある何もない空間の中に、体験者の「からだ」の鋳型は、いかなる抵抗をも受けることなく、収まることができます。

他方で、粗さの目立つ角ばった木材ブロックでは、「からだ」の鋳型を上手く重ねることができません。鳴り止まない鋳型からの誤差信号によって、錯覚を完遂することができないのです。

この鋳型は〈脳科学においては「内部モデル」と呼ばれる神経機構に相当すると考えられます〉、物理世界でイメージされるような静的なものではありません。以後の章で徐々に明らかにしていくように、伸び縮みといった変形に開かれ、さらには現実ではありえない形態に対しても開かれています。筆者は、この種の潜在的な「からだ」のバリエーションの収められた無意識の神経ネットワークのことを、からだの水脈と呼んでいます。

この水脈という概念を用いると、**ラバーハンド錯覚**とは、ラバーハンドの呈示によって、各人の水脈に眠る、特定の「からだ」のリアリティーを増幅する手続きであると言い換えることができます。

要するに、粗さの目立つラバーハンドでお茶を濁すぐらいであれば、いかなる実体も呈示せずに、体験者の中にすでにある「からだ」の水脈をそのまま活用する方が、よほど効果的なのです。以上を踏まえると、ラバーハンドを自分の手のように感じるための2つ目の要件〈形状類似条件〉を満たすために、「適切な身体形状のラバーハンドを呈示する」ことは必須ではありません。正確には、「不適切な身体形状のラバーハンドを呈示しない」ことこそが重要だったのです。

ここでの「物質からの解放」に関する考察は、第2章以降の錯覚論の展開において非常に示唆的です。実際、この制約の解除は、錯覚による体感のバリエーションを格段に広げていくと同時に、私たちの空想を現実世界にうまく対応させるうえでも非常に重要な意味を持つのです。

第2章

目で見る視覚と頭の中にある視覚

——目を閉じることで広がる「からだ」の感じ方

この章に出てくる
動画はこちらから

2-1 錯覚しやすいかどうか、試すならこの2つの方法

本章では、まず、特別な道具や装置がなくても、2人1組のペアで、すぐに実験にトライすることのできる**ラバーハンド錯覚**として《トントンスワップ》と《ダブルスクラッチ》を紹介します。それぞれについては、筆者の大学の授業の中で、34人の学生に対して錯覚感度を計測する実験を行っており、同一の母集団の中で、錯覚を強く感じる人の割合がおおよそ判明しています。そのため、読者自身が錯覚を感じやすい側なのか、そうでないかについての手がかりを得ることもできます。

なお、今この本を読んでいる現在、実験するペアの相手がいなくても、全く問題ありません。からだの錯覚を理解するうえで必要な内容ですので、ぜひこのまま読みすすめてください。ではさっそくはじめてみましょう。

トントンスワップ――他人の手なのに自分の手のよう

まず、《トントンスワップ》を紹介します。図2-1のように、1台の机に2人が向かい合って座ります。そして、お互いの一方の手（図では左手）を、なるべく近距離で、手の甲が上になるように机の上に添えます。この状態で、お互いが相手の手の甲を、もう一方の手の指の腹で

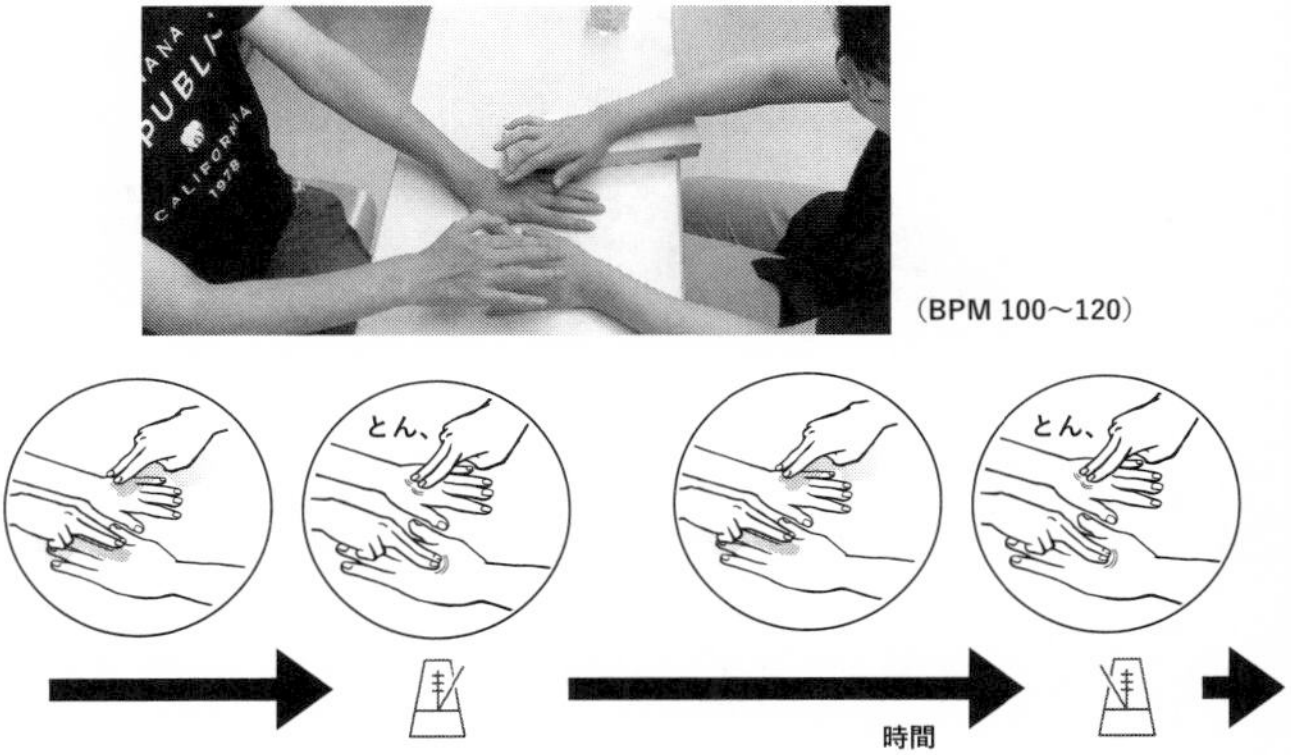

図 2-1　トントンスワップ

「トントン」と、叩くタイミングがちょうど一致するようにタップします。まずは、目を開いた状態で、これを練習してみましょう。リズムを合わせることが難しければ、音楽やメトロノーム（BPM〈Beats Per Minute：1分あたりの拍数〉100〜120程度）などを流しておいてもいいです。ここまでが準備運動です。

実際に錯覚を感じるようにするためには、これと全く同じ動作を目を閉じた状態で行う必要があります。2人が同時に目を閉じてリズムを合わせることが難しければ、一方のみが目を閉じて、もう一方は相手の手を見ながら、タップするタイミングを合わせる実験者の役割に徹してもいいでしょう。また、目を閉じていると叩く場所がずれてしまうのであれば、手首付近を適当な高さの台に載せて固定するなどの工夫をしてもらってもいいです。さて、これを1分程度つづけてみてくださ

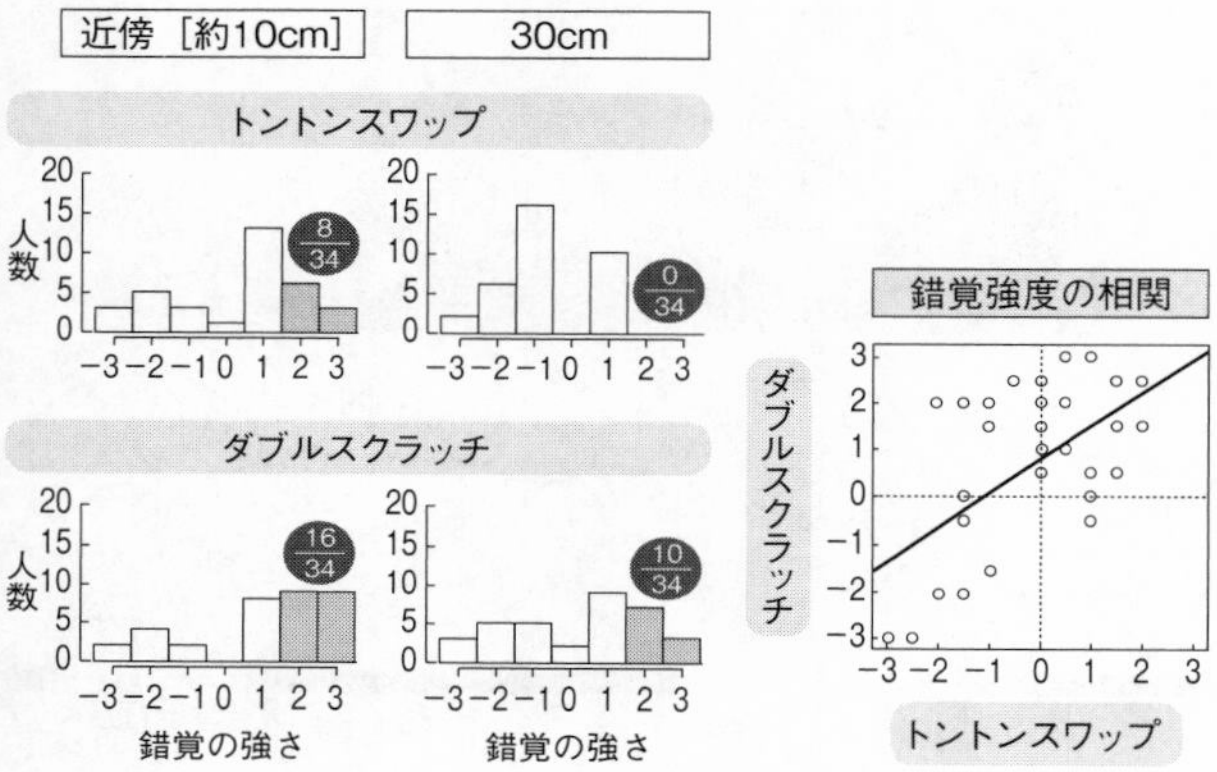

図 2-2　トントンスワップとダブルスクラッチの感度分布

い。何が起こりますか？

相手の手をタップしているにもかかわらず、まるで「自分の手をタップしている」ように感じられれば、この錯覚を感じていることになります。そのような感覚の手応えが全く無いのであれば、「タップしているのが相手の手ではなく自分の手である」という架空のイメージを強く意識して、再び同じことをしてみてください。やはり1分程度集中して特に何も変わらなければ、ひとまずあきらめてもらって大丈夫です。比較的簡単に錯覚を感じることができた人は、お互いの手の距離を離して行ったとき、どの程度まであれば、錯覚が維持されるかを試してみてください。

図2－2左上は、これを授業内の実験で実施したときの結果を示すグラフです。実験では、お互いの両手の距離を「近傍」と「30㎝」で2回実施しています。近傍は、両手が重ならないギリギリ

の距離で、個人差はあれど、約10cm程度となります。「近傍」の場合、７段階の評定で、プラス２（強く感じる）、プラス３（大変強く感じる）を選んだ人は、34人中８人いました。以下では、このカテゴリーに入る人を、錯覚を強く感じる人として、錯覚者と呼ぶこととします。逆にほとんど感じない人（マイナス２、マイナス３）も同じだけいました。《トントンスワップ》は、錯覚全般の中では、どちらかというと錯覚誘導率の低い部類に入るので、今回錯覚できなかった人も失望することはありません。

グラフからわかるように、両手の距離を30cmまで広げると、《トントンスワップ》の錯覚者の数は１人もいなくなります。このように、《トントンスワップ》は、両手間の距離の影響を強く受ける錯覚であることがわかります。

逆に、読者の中で、30cmほど離した状態でもセルフタッチの感覚を強く感じることができているのであれば、かなり錯覚を感じやすいタイプだと思って間違いないでしょう。ちなみに、筆者は30cmほどの距離であれば、問題なく錯覚を感じることができます。

ダブルスクラッチ——指が長く伸びていく感覚

つづいて《ダブルスクラッチ》の紹介です。《ダブルスクラッチ》の錯覚誘導も、２人が対面的に向かい合い、互いに一方の手を差し出し合うレイアウトをとります（図２－３）。具体的には、まず、一方の手（図では左手）の親指以外の４本の指をピンと伸ばした状態で、その指先を

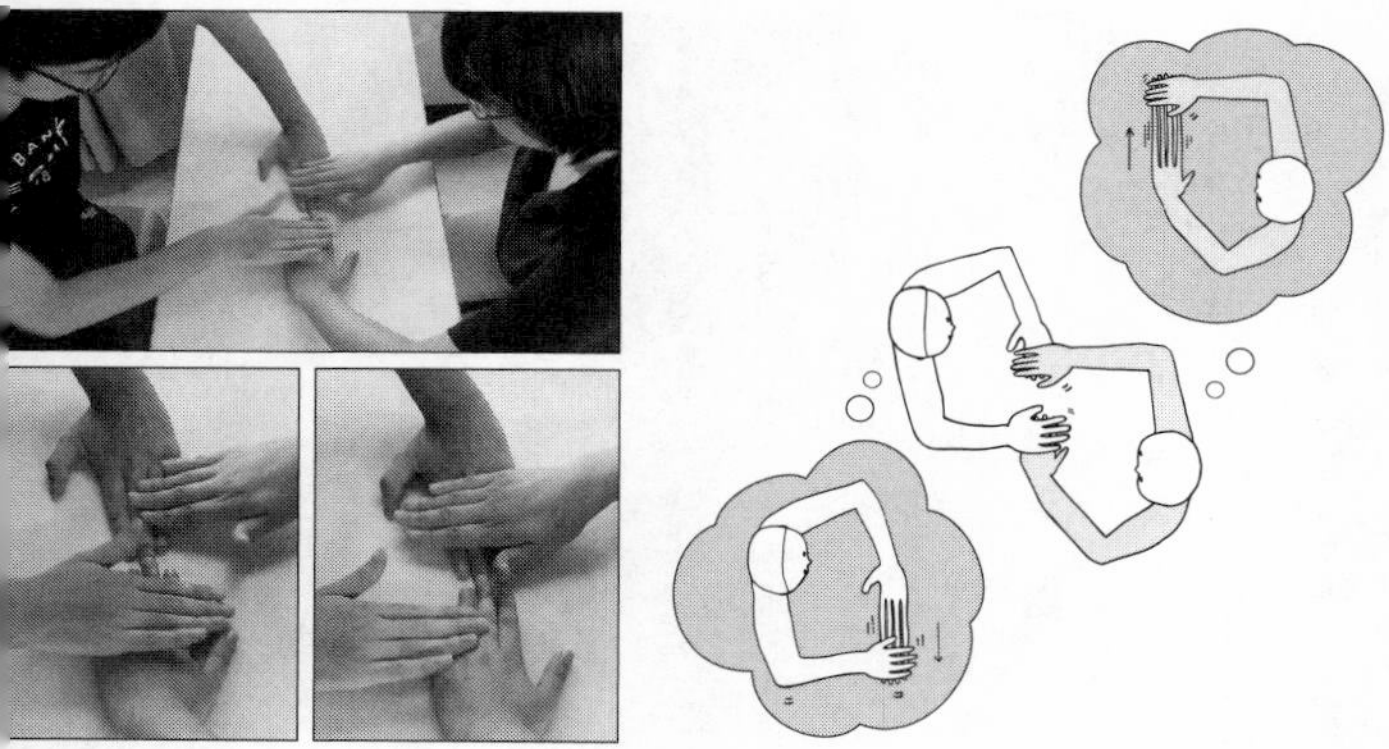

図 2-3　ダブルスクラッチ

90度内側に回転させ、両者の指の先端がお互いに向かい合うようにして、手の平を下にして机に添えます。この状態で目を閉じ、机に添えていない方の手の指の腹の部分で、相手の（人差し指から小指までの）4本の指を縦断するようなかたちで、比較的高速に前後に擦ることによって錯覚が誘導されます。

この場合、《トントンスワップ》と異なり、メトロノームなど時間を合わせる道具は不要です。実際《ダブルスクラッチ》では、必ずしも両者の手の擦るリズムが一致している必要はありません。錯覚状態に入ると、セルフタッチの感覚に付随して、そば粉をめん棒で平たく延ばしていくように、擦られている自身の4本の指が、擦っている方のもう一方の自身の手の方へと、全体として長く引き延ばされていくような感覚が得られるはずです。こちらも、もし身近に相手がいればぜひ試してみてください。

この《ダブルスクラッチ》の場合、セルフタッチ

の錯覚を強く感じる人は34人中16人と一気に増えます（図２－２左下）。《トントンスワップ》の倍ですね。さらに、30㎝の距離を置いても、10人もの学生が、なお強い錯覚を感じています。《トントンスワップ》では距離をとったときに、錯覚を感じる人が８人から０人へと、一気に減少したことを思い出してもらうと、《ダブルスクラッチ》は《トントンスワップ》よりも錯覚しやすく、なおかつ距離が開いても錯覚しやすいということがいえそうです。

詳細は省きますが、この２つの錯覚強度は個人間で非常に高い相関を示しています（図２－２右）。つまり、一方の錯覚の感じやすさは、かなりの程度、もう一方の錯覚の感じやすさを反映しています。おおまかにいって、いずれの錯覚も強く感じた人は錯覚感度の高い人、両方とも感じなかった人は錯覚感度の低い人といえるでしょう。

なお、小鷹研究室は、最近になって《トントンスワップ》の触り方を少し変えるだけで劇的に錯覚率が上昇することを発見しました（《グラグラスワップ》）。本書の冒頭で紹介していますので、ぜひ試してみてください。

2－2　触覚だけで「自分の身体を見つける」!?

小鷹研究室では、ここまで紹介してきたような、即席で体験できる錯覚を「即錯《そくさく》」と呼んでいます。本書ではいくつかのタイプの即錯を解説していきますが、前節で述べた2つの即錯は、**セルフタッチ錯覚**という錯覚のカテゴリーに分類されます。

本節では、第1章でのラバーハンド錯覚の説明を前提とせずに、なるべく直感的に**セルフタッチ錯覚**の説明をしようと思います。ここでも少し突飛な思考実験を足がかりにしてみましょう。

読者であるあなた自身が、突如、今とは異なる時空へとワープし、何か別の生物なり宇宙人なりに転生したとします。最近のアニメであれば、わりとありふれた描写ではないでしょうか。ひとまず、周囲の環境を確認して、ひとしきりの安心を得たいところです。

しかし、今回転生した、新しい身体ではそのようなことがうまくいきません。というのも、周囲を見回そうにも、何も見えないのです。どうやら、よりによって「目」に類する機能の無い、あるいは壊れてしまった生物が、身体の新たな転居先となってしまったようです。

幸い、何か自分の意思に従って動かせる「手」に類するものが付属していることは確認できます。というのも、その「手」のようなものを動かしていると、ときおり、「何かに触った感覚」が確かに感じられるからです。こうした状況で、その人は、自分が何者であるのかをいそぎ確認するために、まず何よりも自分の身体の在処を、その辛うじて自分の身体の一部であるような「手」を動かし、「何かに触れた感覚」を頼りにして確認しようとします。さて、そのような特殊な条件下で、どうすれば自分の身体と、そうでないものの区別がつくでしょうか？

例えば触感は決定的なものにはなりえません。金属のような硬い感触が得られたとして、今回の転生先が、金属製のボディに身をまとったロボットである可能性すら排除できないのですから。同じ理由で、触っているものの形状についても、あまり当てにすることができないことがわかります。今回転生した生物が、まるで見たことのないような形状に進化した身体を有しているかもしれないのです。

では、条件を緩めて、人間の身体に転生していることがわかっているとしましょう。このときいかにも人間の皮膚のようなソフトな触感が得られれば、今度こそ自分の身体を確信するでしょうか。残念ながら、この場合もエビデンスとしては不足しています。そばにいる、誰か別の人の身体を触っているのではない、と何を根拠にいえるでしょうか。

さて、こうなると万策尽きたと感じるかもしれませんが、何も難しく考えることはありません。いかに奇怪な感触であれ、よく見知った皮膚の感触であれ、自分の身体を触っているときにのみ生じる新たな感覚に注目すればよいのです。それは「触られる感覚」です。つまり、自分の身体でないものを触っているときには「触る感覚」のみがあり、自分の身体を触っているときには「触る感覚」と同時に「触られる感覚」が生じるのです。

赤ちゃんが自分の身体を発見する過程

ここまで話したことは、少なくても部分的には、この世に生まれ落ちたばかりの赤ちゃんにもいえることです。実際、赤ちゃんは、周囲をぼんやりとしか見ることのできない視覚が未発達な状況で生まれ、生後数ヵ月の間は、著しく解像度の悪い状態にあることがわかっています。

この時期に自分の身体の感覚を育むのは、ジェネラルムーブメントと呼ばれる、全身の絶え間ない運動と、セルフタッチと呼ばれる、自分で自分の身体を触る行為です。これらはいずれについても、能動的に世界に働きかけることによって、環境がどのように変化するかをモニタし、それによって「自分」の輪郭を獲得していくプロセスであると考えられています。

能動的なセルフタッチの頻度は、手が制御できるようになる生後3ヵ月周辺から急速に増加し、発育に伴い、顔から上半身、そして下半身へと、触れるエリアが全身へと広がっていきます。おそらくは、このプロセスにおけるセルフタッチを通して自分の身体の在処を発見し、変移する環境の中で、不変の身体という特異的な位相を内面化し、その中で「自分」というものが芽生えるのでしょう。

セルフタッチ錯覚が成立する背景には、人が、「触る感覚」と「触られる感覚」が同時に発生した場所に、自分の身体の存在を認める傾向があります。そして、これは、赤ちゃん時代のセルフタッチが、実際にそのような「自分の身体の発見」の瞬間に満ちたものであり、発達論的にいっても、安定的な身体地図の構築のための強力な触媒となっていることを示唆するものです。

筆者自身は、**セルフタッチ錯覚**に対して、単に自己接触錯覚を覚えるということ以上に、自分が自分であることに関わる基礎的な信念の土台がひっくり返されるような、独特な感覚を覚えることがあります。あるいは、**セルフタッチ錯覚**は、忘却の彼方にある赤ちゃん時代における「自分の身体の発見」のやり直しなのかもしれません。

ところで、大人になっても、自分で自分の身体を触るセルフタッチに類する振る舞いがみられることがありますが、これはどちらかというと緊張を無意識的に解消するためのものであり（インタビュー中にスポーツ選手が幾度となく自分の鼻を触る光景を思い浮かべてください）、どう考えても、その行為が自分の身体地図の構築に寄与しているとは考えられません。

ただ、この一見すると無意味な行為も、自己にとって激動であった乳児時代における「探索フェーズ」の名残なのかもしれません。自分は確かにここにいる。かつて「自分」が発見された、あのときと同じように。

2-3 「外的な視覚」と「内的な視覚」

ラバーハンド錯覚とセルフタッチ錯覚の共通点と相違点

セルフタッチ錯覚は、第1章で紹介した**ラバーハンド錯覚**のような錯覚とは、一見すると大きく異なるようにみえます。とりわけ「目を閉じる」という点が、**ラバーハンド錯覚**とは、明確な違いとして指摘できます。実をいうと、身体所有感の錯覚に関わる学術研究の中で、**セルフタッ**

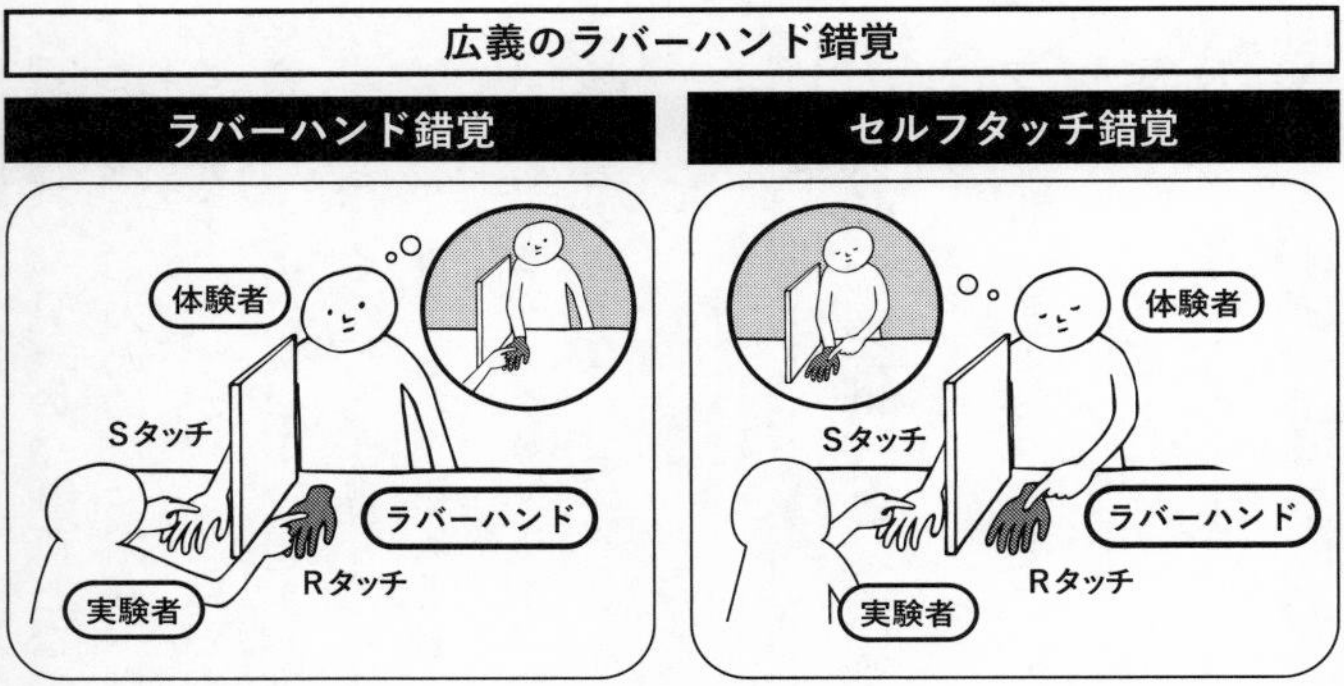

図 2-4　ラバーハンド錯覚とセルフタッチ錯覚の関係

チ錯覚は、一般的なタイプの**ラバーハンド錯覚**と比して極めてマイナーな存在です。その理由には、視覚という共感しやすい要素が欠如していることが間違いなく関係していると筆者は考えています。

しかし、実のところ**セルフタッチ錯覚**は、論文によっては「non-visual rubber hand illusion」や「somatic rubber hand illusion」と呼ばれており、大きな分類の中では**ラバーハンド錯覚**の仲間に含まれます。以下では、図2-4を見ながら、**ラバーハンド錯覚**と**セルフタッチ錯覚**の共通点と相違を、図式的に整理してみましょう。

ラバーハンド錯覚は、大きく分類すると、体験者自身、実験者、ラバーハンドの3種の手の間の相互作用として理解することができます。一般的に、**ラバーハンド錯覚**は、体験者に対して、ラバーハンドの手を所有しているかのような錯覚を与えます。このラバーハンドに相当するものは、実際には、文字通りゴムの手である必要はなく、まるで手の形をしていないモノであっても構いません。以下では、この所有感の投射の対象となる（体験者とは異なる）手を、その属性とは無関係にラバーハンドと呼びます。

一般的な**ラバーハンド錯覚**では、実験者の左右の手によって、体験者の手とラバーハンドに同期した触覚刺激が与えられていました。以下では、必要に応じて、前者の体験者（Self）の手へのタッチを「Sタッチ」、ラバーハンド（Rubber hand）へのタッチを「Rタッチ」と呼びましょう。《トントンスワップ》と《ダブルスクラッチ》においてRタッチに相当するものは、対面する相手（実験者）の手に対する、体験者自身のタッチとなります。

このようにラバーハンドを拡張的に捉えると、**ラバーハンド錯覚**であれ**セルフタッチ錯覚**であれ、体験者の手とラバーハンドの手に同期した触覚刺激を与えることによって、ラバーハンドを自分の手と錯覚するという構造を有していることがわかります。

図式的には、SタッチとRタッチを同期させることによって、2つのタッチに関わる主観像が、単一のSタッチへと縮減される構造に対応します（Sタッチ × Rタッチ → Sタッチ）。**セルフタッチ錯覚**が**ラバーハンド錯覚**のカテゴリーに含まれるというのは、まさにこの水準での一致に由来するものです。本書では、以下でも、この同期構造を有しているものの全般を、広義の**ラバーハンド錯覚**と呼ぶこととします。

このように整理すると、**ラバーハンド錯覚**と**セルフタッチ錯覚**のレイアウト上の違いは、Rタッチを体験者自身で行っているか（セルフタッチ錯覚）、実験者で行っているか（ラバーハンド錯覚）の差異に帰着することがわかります。**ラバーハンド錯覚**も**セルフタッチ錯覚**も、Sタッチを実験者が行っている点では共通しているのです。

視覚情報の有無による錯覚像の差

次に、視覚の違いについてあらためて検討してみましょう。**ラバーハンド錯覚**と異なり**セルフタッチ錯覚**は目を閉じて行うことが通例です。当然ながら、目を閉じる場合、Sタッチを体験者から物理的に隠す必要はなくなります。このような事情で、**セルフタッチ錯覚**には衝立が必要ありません。

以上の点は、両者の錯覚の違いを特徴づける重要なポイントの一つであることに間違いはありません。他方で、**セルフタッチ錯覚**であっても、ラバーハンドと体験者の手の方向が揃ってさえいれば（〈姿勢整合条件〉）、体験者は目を閉じる必要がありません（SタッチとRタッチの間の衝立を復活させる必要はありますが）。

第1‐6節で紹介した《即席ラバーハンド錯覚》は、まさにこの「視覚ありセルフタッチ錯覚」による即錯の事例です。とはいえ、《即席ラバーハンド錯覚》は、二者間で両手を交換したうえで向きを揃える都合上、かなり窮屈なレイアウトをとらざるをえません。二者間で行う**セルフタッチ錯覚**で目を閉じることが通例なのは、〈姿勢整合条件〉をキャンセルするためであったことがわかります。

視覚に関する強い制約は、むしろ**ラバーハンド錯覚**の側にこそあります。**ラバーハンド錯覚**では、Ｒタッチに体験者が関与していないため、目を閉じてしまうと、ラバーハンド側の情報は体験者の神経に全く届きません。目を閉じて行う**ラバーハンド錯覚**は、ただただ無為に目を閉じている状態と何ら変わらないのです（もちろん、錯覚が生じることもありません）。

ラバーハンド錯覚を誘導するには、（文字通りの意味で対象物を見ることによる）「外的な視覚」が必要です。そしてこの制約によって、**ラバーハンド錯覚**における錯覚像は、ラバーハンドそのものの視覚的外観に強く左右されることとなります。

例えば、一般に**ラバーハンド錯覚**では、サイズの小さなラバーハンドが呈示されれば、手が小さくなったように感じ、逆の場合は、手が大きくなるように感じます。同一のサイズのラバーハンドに対して、人によって錯覚する手の大きさが異なるということは、基本的にはありえません。

このように、**ラバーハンド錯覚**は、さまざまな外観のラバーハンドを体験者の手に対置させることによって、外観に応じた種々の「からだ」をつくりだすことができる一方で、視覚情報は絶対的であり、与えられた視覚情報に対して、個々で異なる解釈を行う余地はほとんど残されていません。錯覚の方向づけが容易であるという点では強みである反面、多様性の欠如という意味では面白みに欠けるといえるでしょう。

他方で、目を閉じて行う**セルフタッチ錯覚**の場合、よりどころとなる明確な視覚像を欠いていることによってかえって、体験者個々の「内的な視覚」の想像力を十全に働かせる機会に恵まれています。この場合、錯覚像は、体験者にとって常に同一とは限らなくなります。そのような具体例を、これから実例とともに確認していきましょう。

2-4 セルフタッチ錯覚のバリエーション

セルフタッチ錯覚の錯覚像には、解釈の余地が

ラバーハンド錯覚と異なり、**セルフタッチ錯覚**にはラバーハンドを「外的な視覚」によって直視しないことによる解釈の余地が残されています。筆者が、国内のみならず国外の研究者の間でもいささかマイナーな存在である**セルフタッチ錯覚**に強い関心を寄せつづけているのは、まさにこの点に魅力を感じているためです。

セルフタッチ錯覚では、錯覚を強く感じている状態で、「触る感覚」と「触られる感覚」が同一の地点で生じているように感じられ、これに呼応するように「内的な視覚」の中で左右の手(の接触点)がお互いに引き合い、ぴたりと重なるイメージが立ち上がります。

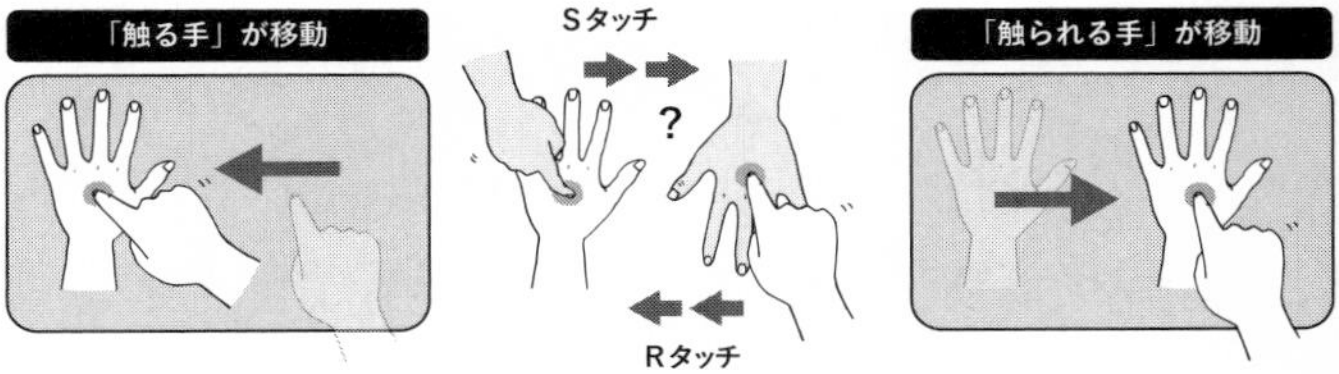

図 2-5　セルフタッチ錯覚におけるドリフトの様態

この動態は**ラバーハンド錯覚**の中で観測される「ドリフト」とは大きく異なります。というのも、すでに説明したように、ラバーハンド錯覚の中で、体験者の視界から隠された「触られる手」の位置感覚がラバーハンドの方向に移動することはあっても、「外的な視覚」で直視されているラバーハンドの位置感覚が、「触られる手」の方向に移動することは、ありえないためです（第１－７節）。

ところが、**セルフタッチ錯覚**では、体験者の両手が関与すると共に、それらは「外的な視覚」から逃れているので、「触られる手」のみならず（ラバーハンドの位置と対応する）「触る手」もまたドリフトする可能性があるということになります。それでは、**セルフタッチ錯覚**の場合、「触る手」が「触られる手」の方向に移動するのでしょうか？　あるいは、「触られる手」が「触る手」の方向に移動するのでしょうか？（図２－５）

《トントンスワップ》や《グラグラスワップ》を強く感じることのできた読者は、いまいちど錯覚の試行を行い、自分自身の「内的な視覚」の中でどちらの手が動くのかに注目してみてください。

「触る手」と「触られる手」はどちらが「動きやすい」のか

実は《トントンスワップ》に限らず一般的な**セルフタッチ錯覚**の実験では、大多数の人にとって、「触る手」の移動距離が「触られる手」の移動距離よりも長く感じられることがわかっています。

例えば、ホワイト（White）らによる、筆を用いたセルフタッチの実験では、「触る手」と「触られる手」の距離を15㎝離した状況で錯覚誘導を行い、双方のドリフト量を計測したところ、「触る手」において5㎝以上のドリフト量を示したのは39人中14人いたのに比べて、「触られる手」で5㎝以上のドリフト量を示したのはわずかに3人でした。

筆者が2014年に行った類似の**セルフタッチ錯覚**の実験でも、同様の傾向がみられます。この実験では、左右の手を10㎝離した状態で、**セルフタッチ錯覚**を誘導しています。36人の実験参加者が順手で4回の試行を行い、錯覚によって両手間の心理的距離が40％以上（つまり6㎝以下に）縮まっていたケースは全144回中で33回ありました。この内訳をくわしくみてみると、「触られる手」の移動量の方が多かったケースは、33回中わずかに5回だったのです。

これらの結果から、「触る手」が「触られる手」と比して心理的に強い可動性を有していると考えられます。まるで「触られる手」には杭が打たれて、自由に身動きできていないかのように。

これら2つの研究は、実験の設計において微妙な差異がありますが、結果については共通の特性を示すものであり、この結果だけをみると、**セルフタッチ錯覚**が、「見えない自由」を謳歌しているようにはとてもみえません。「触られる手」は、誰に強制されるでもなく、しかし、まるで身動きがとれなくなっているのですから。それではいったい、なぜこのような非対称性がみられるのでしょうか。

おそらく多くの読者は、（当時の筆者と同じように）「触る手」と「触られる手」との運動状態の差異に着目するのではないでしょうか。現実空間で運動状態にある手は、錯覚イメージの中でもより可動性が高まる、といった具合です。これは仮説としてはいかにも妥当であるように思われますが、この仮説の正しさを検討するには、もう少しさまざまな条件下で再現性を確認する必要があります。

両手を交差すると「内的な視覚」が多様化する

はたして、この仮説は、別の条件下では脆くも打ち砕かれてしまいます。両手を交差させた場合、「触る手」優位の状況が劇的に変わってしまうのです（図２－６）。

先に紹介した小鷹研究室の実験では、同じ参加者に対して、両手を交差した状態でも（順手と同様に）４回の試行を行い、それぞれの手のドリフト量を計測しました。結果は、１４４回の試行のうち、両手間の心理的距離が40％以上縮まったケースは60回ありました。この内訳を調べて

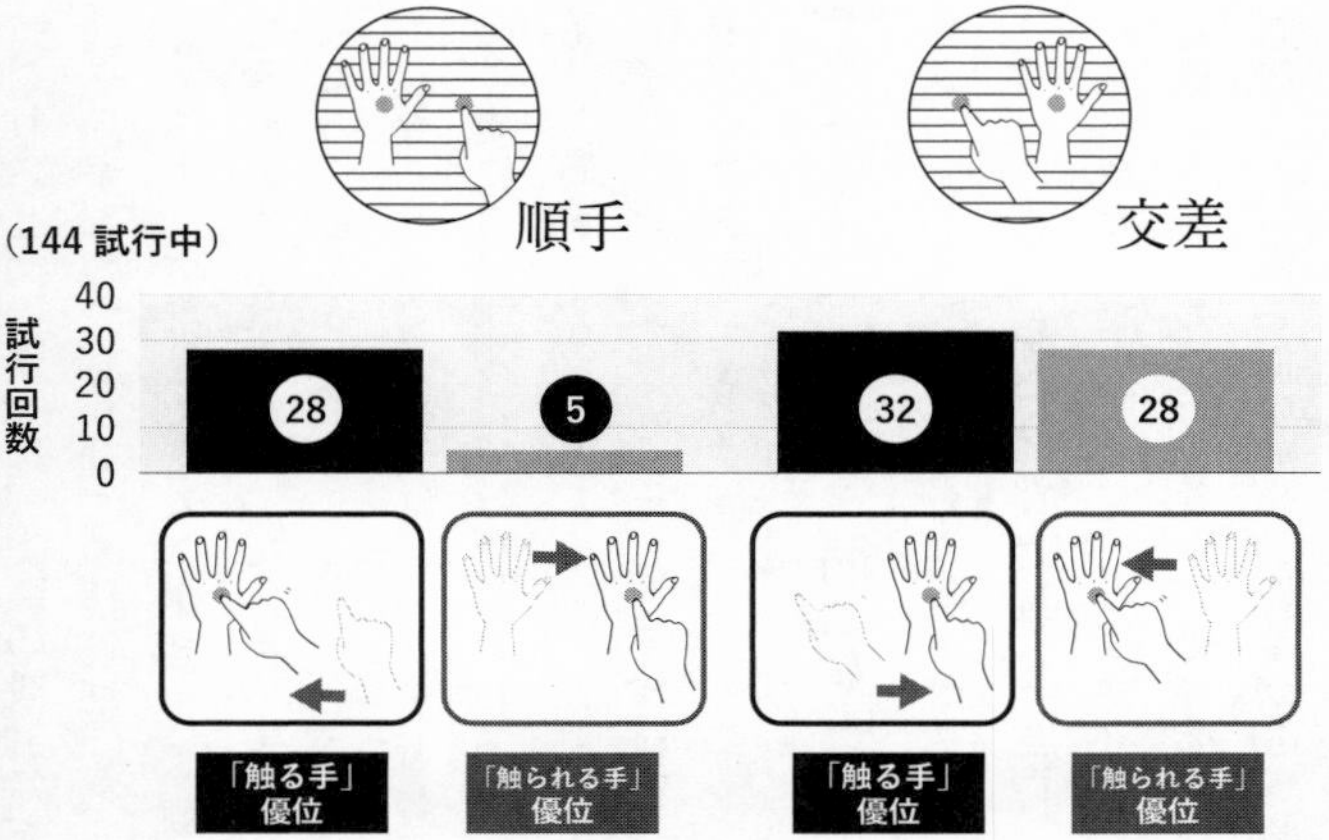

図 2-6　順手と交差手におけるセルフタッチ錯覚イメージの違い

みたところ、「触る手」優位が32回、「触られる手」優位が28回と、圧倒的に「触られる手」の可動性が増すことがわかったのです。

このように、両手を交差することによって「触られる手」を留めていた杭は一気に取り払われます。そもそも、交差によって両手間の引力が増しているのも（33回→60回）、「触られる手」の可動性が高まった影響であると考えるのが自然でしょう。

この実験では、特に強力に錯覚を感じる7人の参加者（A〜G）を残して、各参加者に対して、身体の中心位置をずらした3つの条件を含む合計15回の試行を行い、想像上の「セルフタッチポイント」がどこにあるかを尋ねました。

その結果、同一の参加者の中では、15回の試行を通じて概ね共通の傾向を示すことがわかりました。例えば参加者AとDは典型的な「触る手」優位の参加者であり、「触られる手」の移動量が優位となったケースは、それぞれ15回中はわずかに2回のみでした。逆に参加者Cは、15回のうち、全ての試行で「触られる手」が優位となる傾向を示しています。これは、実験によって、まちまちに変わるというよりは、個人の癖のようなものがあって、ある人は「触る手」の移動が優位のタイプの人、「触られる手」の移動が優位のタイプの人、どちらともいえない人、といった具合に、かなりの程度、個々のレベルでは強い一貫性を示しているのです。

同じ錯覚誘導刺激に対して、それぞれが「内的な視覚」において、まるで違った錯覚の風景を示す、というのはとても面白いとは思いませんか？

2-5　背中の後ろの自由な錯覚像

背面セルフタッチの実験

このような「見えない自由」が象徴的に発動する、もう一つの、小鷹研究室オリジナルの即錯《背面セルフタッチ（バックハンドロックヘルパー：BACK HAND LOCK HELPER：以下、BHLH）》を紹介しましょう。

図 2-7　BACK HAND LOCK HELPER

この名前は、図2-7のように、左右の腕を肘のところで後方に折り返し、背面で両手を上下から組ませる状態（英語圏の一部では「BACK HAND LOCK」と表記されるようです）を、錯覚によってアシストする、という含意があります。よろしければ、動画リストの中にある、1分に編集したYouTube映像を参考にしつつ、実験者になってくれる相手がいれば、ぜひ実際に錯覚の感度を試してみてください。

これはすでに説明している**セルフタッチ錯覚**を、背面で行おうとするものです。《トントンスワップ》と《ダブルスクラッチ》と異なり、この《BHLH》の場合、セルフタッチをアシストする側は、完全に実験者の役割に徹することになることに注意してください。さて、ここでも注目は、**セルフタッチ錯覚**によって、左右の手の隙間がどのように埋まるか、という点になります。錯覚を強く感じる（左右の手が触れ合っていないのにしっかり触れていると感じる）ことのできた人は、自分の身体のイメージがどのように変容しているかについて、あらためて注目してみてください。

筆者が《ＢＨＬＨ》を思いついた当初、研究室の学生や身近な人に錯覚を体験してもらう中で、左右の手の移動の感覚（固有感覚のドリフト）のみならず、自分の腕や指が伸びる類の身体の変形感覚を訴える人が多くみられました。これは筆者自身の体感とも合致していたので、古くから小鷹研究室の展示に遊びに来てくれていた東北大学の齋藤五大先生にお願いして、《ＢＨＬＨ》の錯覚誘導中に生じている身体イメージの様態を詳しく調べる被験者実験を行いました。

参加者は23人で全員が右利きです。この実験では、《ＢＨＬＨ》に関する刺激を、右手が上か左手が上かという条件を変えて付与した後に、自己接触の感覚、種々の身体部位の移動感覚、変形感覚の項目についての評価（０：全くそう思わない〜６：非常に強くそう思う）を回答してもらいました。

実験結果の見通しをよくするため、図２－８左のグラフでは、身体の変形の種類は問わず、変形に関わる４つの項目（右腕伸長、左腕伸長、右指伸長、左指伸長）の中で最大の評価値を「変形感覚」の評価としました。同様に、身体のドリフト感覚についても、その内容を問わず、左右の手のドリフト感覚の大きな方を「ドリフト感覚」の評価としています。

図２－８左のグラフにおいて、同期要因に注目すると、非同期条件と比較して同期条件での評

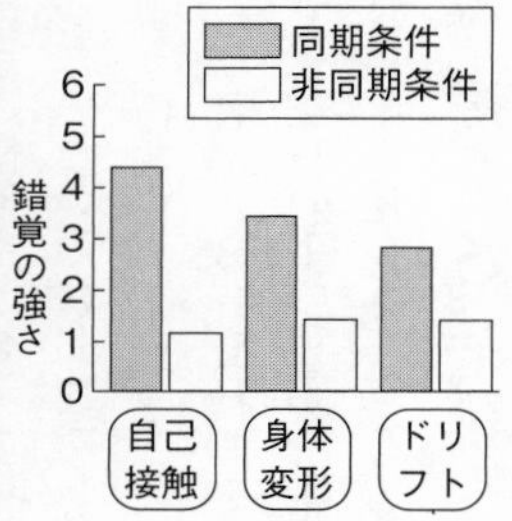

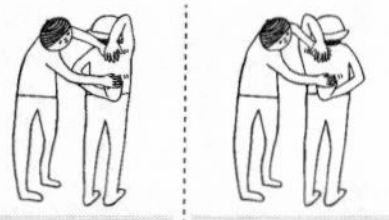

		右手上条件	左手上条件
右手	指変形	8人	5人
	腕変形	4人	3人
	ドリフト	7人	4人
左手	指変形	4人	8人
	腕変形	2人	4人
	ドリフト	7人	6人

（23人中）

図2-8　BACK HAND LOCK HELPERの実験結果

価値が、いずれの項目についても高いことがわかります。これらの結果は、**セルフタッチ錯覚**において感覚間の同期が決定的な要因となることをあらためて確認するものであると同時に、これらの錯覚が、主観的なレベルでは、身体のドリフト感や変形感を伴っていることを強く示唆するものです。

　次いで、この「身体変容分布」を詳しくみていくために、「右手上」および「左手上」それぞれの同期条件で、各項目について4以上の評価を与えている人の人数をカウントしてみました（図2－8右）。統計上の詳細は触れませんが、変形・ドリフトに関して、「触る手」優位の傾向はこの実験でも確認されています。しかし、その差はわずかであり、実際には、個人によって実にさまざまな身体変容に対して開かれていることがわかります。

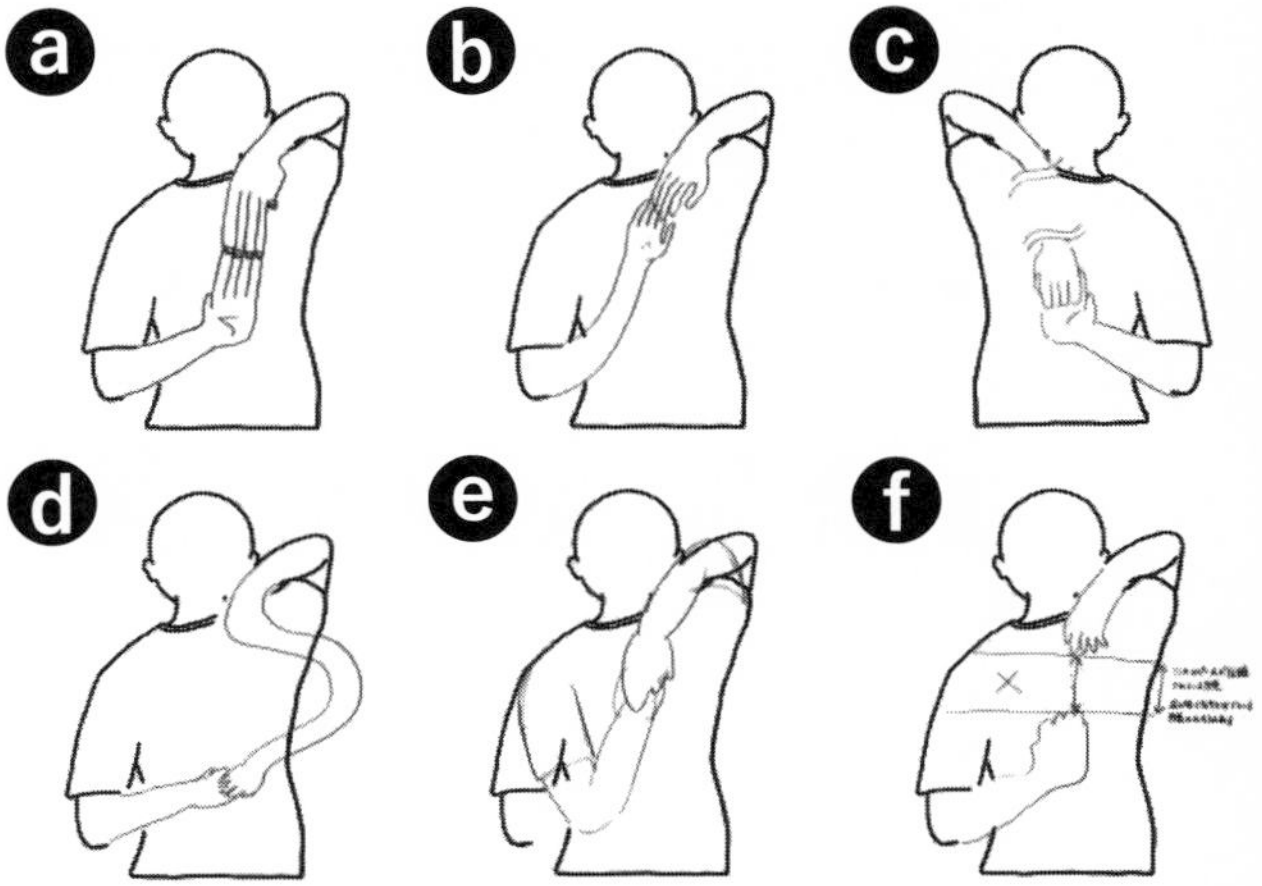

図 2-9　BACK HAND LOCK HELPERにおける主観的な身体変形イメージ（実験参加者による作画）

見えない背面での錯覚を可視化してみると

　この種の多様性を象徴的に可視化するものが、実験後に参加者にお願いした、錯覚中の身体イメージのスケッチです。図２-９では６つの例をとりあげます。

（ａ）は、右手と左手の親指以外の４本の指が均等に伸びて、両手間の隙間を埋めています。この参加者は、腕変形よりも指変形が優位であることがわかります。

（ｂ）は、左腕のみが伸びていますので、指変形よりも腕変形が優位で、さらに「触る手」よりも「触られる手」の変形が優位であることもわかります。

（ｃ）のケースは、「触る手」である左

手の手首より先の部分のみが、右手のところまで瞬間移動しています。これは「移動」は生じるが「変形」を伴わない、という珍しい例です。

（d）では、触る側の右腕がくねくねしており、漫画的な変形が生じています。

（e）は、腕や指そのものの変形や移動はない一方で、肩の肩甲骨付近の関節部分がよりタイトに締まることで距離を縮めています。

（f）は、上半身を収縮させ背丈を低くすることで、両手が届いている例です。

いかがでしょうか。人間の認知は、実にさまざまな解釈で、「両手間の距離が離れている」と「両手が触れ合っている」との間の矛盾を、調停していることがわかります。

2-6 身体に近接する仮想空間

変形錯覚によって身体構造の限界を突破する

第1章で紹介した**ラバーハンド錯覚**は、どれも、衝立によって隠された手の位置感覚を、「外的な視覚」によって捉えられているラバーハンドの位置までドリフトさせることによって錯覚像を完成させていました。このとき、ラバーハンドは、大抵の場合、体験者の隠された手からわずかに水平方向に、〈身体近傍条件〉の範囲内である10～20㎝程度ずらした位置にあります。すなわち、ラバーハンド錯覚で作り出そうとしている錯覚像のレイアウトは、身体構造の物理的な水準では（例えば、肩や肘をずらすことで）容易に構成可能であることがほとんどなのです。一般の**ラバーハンド錯覚**における錯覚像で、変形よりもドリフト（移動）が前景化する要因はここにあります。

《ＢＨＬＨ》の場合も、錯覚誘導時の両手間の距離は10～20㎝程度であることがほとんどであり、したがってラバーハンド錯覚の〈身体近傍条件〉を満足している点では事情は変わりません。ところが《ＢＨＬＨ》では、この10～20㎝程度の隙間を埋めることが、筋骨格系の特性上、一気に難しくなります。

《ＢＨＬＨ》では、端的にいって、生まれてこの方一度も経験したことのないような物理世界では構成不可能な身体のレイアウトを、空想世界の中で作り出さなくてはならないのです。この特殊な事情は、《ＢＨＬＨ》において身体変形が強く前景化する事実と強く符号しています。

おそらく身体変形は、身体近傍条件を満たしながらも、身体構造上、ドリフトさせることが困難な身体像がターゲットとされた場合に、その次の段階として探索される空間変換の一手であると考えられます。物理的に両手の接合が難しい《ＢＨＬＨ》でみられた、指や腕を伸ばす、上半身を圧縮する、という身体変形は、物理的な限界を突破するための苦肉の策だったのです。

仮想空間だから錯覚も起こりやすい背面

さて、上記の論理は、身体像の空間変換における多様性が生まれる素地を説明するものではありますが、そもそも、物理的な身体の動きに限界があるのであれば、触覚同期条件は無視して、単に「錯覚を感じない」で十分ではないか、というツッコミもありえるでしょう。実際、その種の物理的な限界は、一般に錯覚の誘導にとってマイナスに作用することがほとんどです。

他方で、少なくとも展示会の様子を見る限り、《ＢＨＬＨ》が、他の**セルフタッチ錯覚**と比べて感度が弱いという印象はありません。実際、研究室の展示会では56人中40人が錯覚を感じると報告しています。ここには何か、錯覚の誘導を後押しするような、背面特有の事情があるとは考えられないでしょうか？

この問題を考えるうえで興味深い実験があります。これは、齋藤五大先生が小鷹研究室と共同研究を行う以前の成果であり、《ＢＨＬＨ》とは異なるレイアウトで、机に両手を並べるノーマルな配置で、正面と背面における**セルフタッチ錯覚**の強度を比較したものです。この実験では、《ＢＨＬＨ》とは異なり、背面において想定される（手と手がつながる）錯覚像が、筋骨格系の制約のうえでも十分に構成可能であるようデザインされている点が重要です。

結果は、正面よりも背面の方が錯覚強度が高くなることがわかりました。すなわち、背面では錯覚の誘導を促進するような何らかの作用が働いているようなのです。先に、目を閉じて行う**セ**

ルフタッチ錯覚は、「見えない自由」によって錯覚像における多様性が促進される、という話をしました。この原則をここでも適用すると、目を開けていてもなお見ることのできない背面では、正しいとされる状態を自分の目で確かめる経験がない分、否定の契機が生じにくくなり、結果的に錯覚の自由度が高まるという理路が考えられます。

よくよく考えてみると、自分の背面をリアルタイムに見るという経験は、撮影機材などの助けを借りない限り、日常ではまず遭遇することはありません。背面から誰かに声をかけられるときには、後ろに向き直り、かつての背面を正面として定位し直すことで対処するのが普通です。そこで当人によって可視化される空間は、あくまでも「かつての」背面領域であり、新たに定位し直された背面は、相変わらず視界の外部に君臨し続けています。

身体をいくら回転させようとも、自らの背面空間を直視できないという事実は、どれだけ強調しても強調しすぎることはありません。背面空間は、認識のレベルでは、一貫して仮想的な空間として振る舞っているのです。各人にピッタリと張り付いていながら、それでいて、決して姿を見せることのない背面空間は、人間の物理的な身体に最も接近することに成功した仮想空間であるといえるかもしれません。

背中に虫がいるかのような気配を感じたときに過大な恐怖感が生まれるのは、背面がまさに背面であるゆえに、仮想空間としての自由な演出が許容されていることと強く関係しているように思われます。《ＢＨＬＨ》において多様な身体変形の錯覚が生まれる理由も、こうした事情からうかがうことができます。

第3章

弾力のある身体

――空想の世界にも想像しやすいものとそうでないものがある

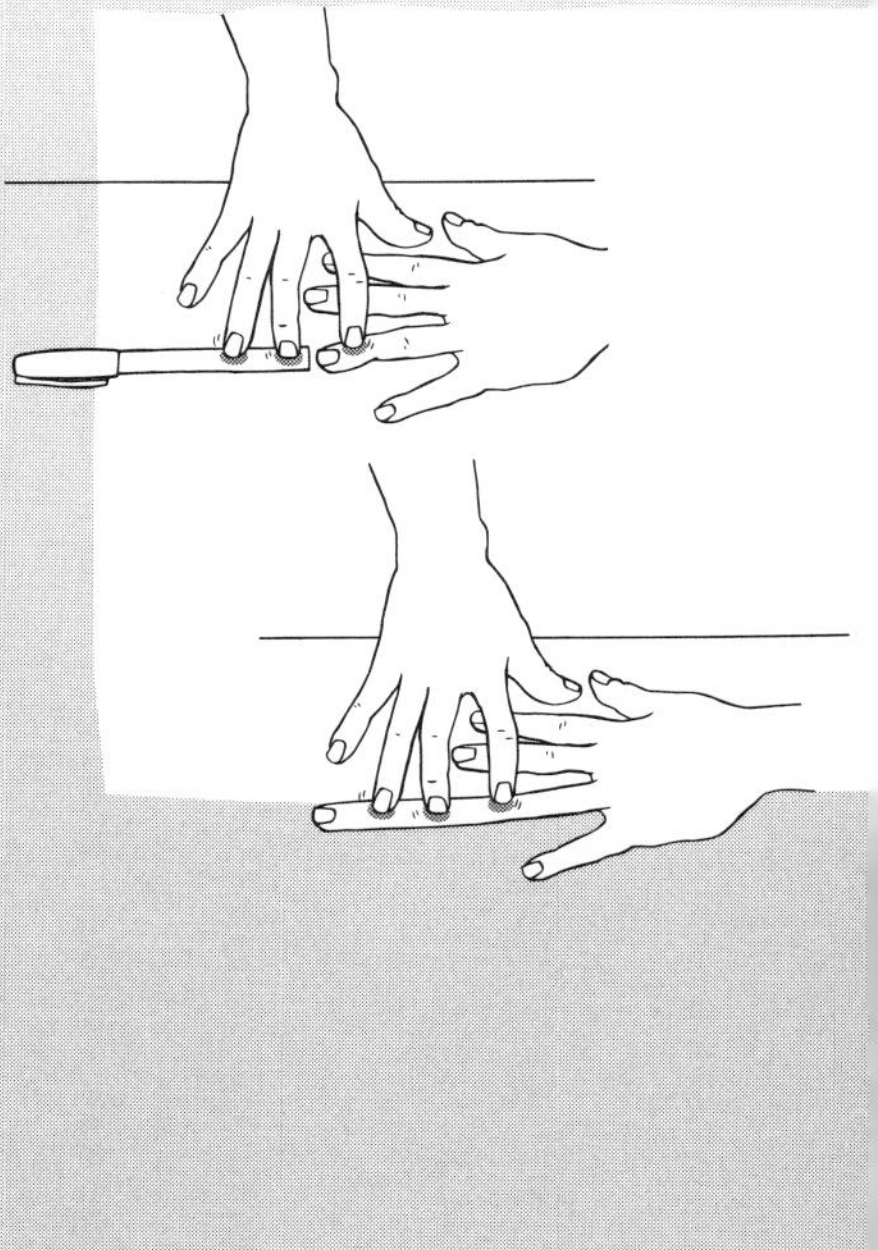

この章に出てくる
動画はこちらから

本章では、からだの錯覚の中でも、身体の各部が伸び縮みするタイプの「身体変形の錯覚」に注目します。前半の4節では、VR（Virtual Reality：仮想現実）環境（VRゴーグルなどを身に着けるなどして、三次元の世界を体感できる）を用いた手足の身体変形を紹介し、錯覚に即時的に対応できる私たちの能力について考察します。第5節以降では、**セルフタッチ錯覚**にわずかな改良を加えた**ダブルタッチ錯覚**による指の変形錯覚を紹介します。

3-1 アバターを自分の身体のように感じる錯覚

VR技術で動きと視覚が簡単に一致

ラバーハンド錯覚とは、近接する自分の手とラバーハンドに同期的な触覚刺激を与えることによって、ラバーハンドが「自分の手」であると感じられる錯覚である、と整理してきました（このような定義は**セルフタッチ錯覚**をも包含していることに注意してください）。この際、主な空間的条件として、自分の手を隠し（「一つの身体」条件）つつ、自分の手とラバーハンドを一定距離内に置き（身体近傍条件）、手の向きを揃える（姿勢整合条件）必要があったことを思い出してください（第1-8節）。

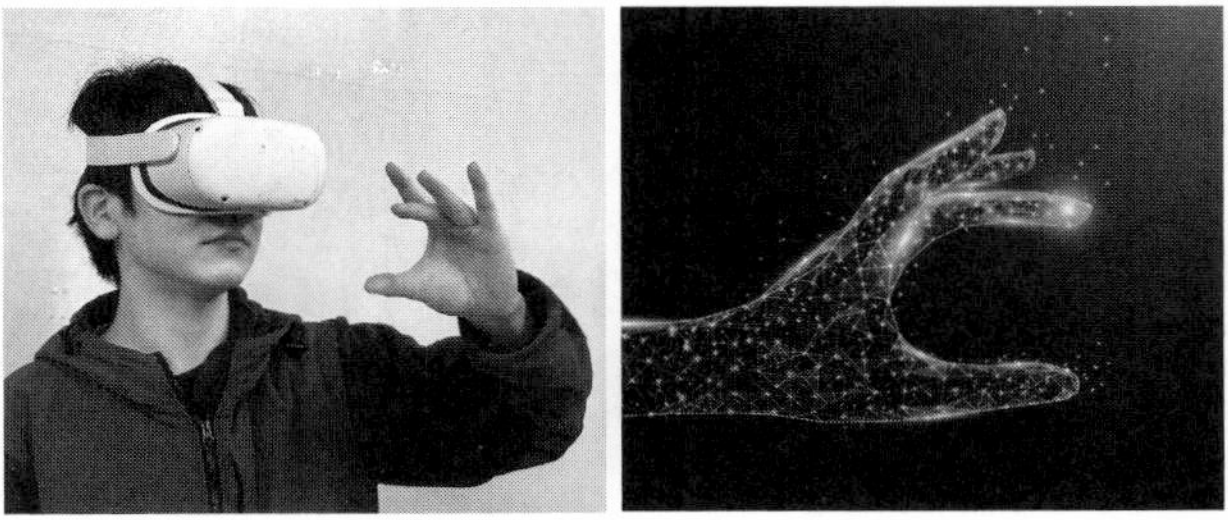

図 3-1　HMD内蔵型のハンドトラッキング

実は、これらの条件は、ＨＭＤ（head mount display：頭に装着して使うディスプレイ装置。ＶＲゴーグルなど）を用いたＶＲ空間では容易に解決することが可能です（図３-1）。まずなにより、ゴーグルが衝立の役割を果たすので、自分の手は無条件で視界から隠されます。さらに、三次元ＣＧ（computer graphics：コンピューター技術を使って描かれた画像）で作られた手のモデルを、ＶＲ空間の中で実際の手にピタリと重ねて映像的に表示させれば、位置のズレもキャンセルすることができます。

現実空間であっても、鏡を使用すれば、自分の手とラバーハンドの位置をピタリと重ねることが可能です。しかし、鏡像にせよ衝立にせよ、体験者の手に対してラバーハンドを対置させた場合、手の動きに対してラバーハンドの動きを追従させるのは容易なことではありません。一方、昨今のＶＲ周りの技術水準では、ＨＭＤ環境においてこのような手の動きと手のＣＧモデルとの同期を、比較的容易に設計することができます。

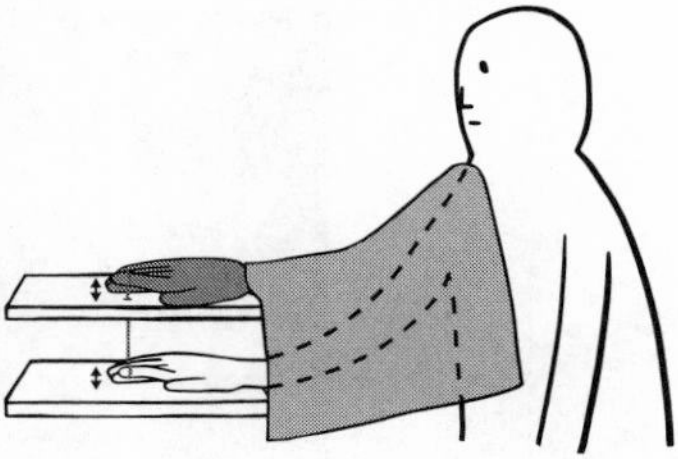

図 3-2　ムービング・ラバーハンド錯覚の例

Kalckert, A., & Ehrsson, H. H. (2012). Moving a Rubber Hand that Feels Like Your Own: A Dissociation of Ownership and Agency. *Frontiers in Human Neuroscience*, *6*, 40.

こうした技術的な利点を活かして、HMDを使う実験では、「動き」を積極的に取り入れる傾向があります。このような手の形状をリアルタイムに追跡するトラッキング技術には、赤外線によるもの、グローブを用いたものなどがありますが、本書ではその技術の詳細については深追いしません。

「動き」を含む**ラバーハンド錯覚**では、触覚があまり重要視されません。というのも、手の動きとの一致によって、運動感覚と視覚が絶えずジョイントされ、これによって「からだ」のオーケストラ認知が成立してしまうからです。このような運動感覚と視覚の同期をベースとする**ラバーハンド錯覚**のことを、学術的には《ムービング・ラバーハンド錯覚》と呼ぶことがあります。第1章で紹介した小鷹研究室による「影の手」は、物理空間で構成できる《ムービング・ラバーハンド錯覚》の一種です。

このほか、2016年のアーソンらの実験のように、上下に2段構成の台の上段に置いた人形の手の指と、下段に置いた体験者の指とを紐で接続し、体験者の指の動きと人形の指の動きを連動させるような原始的な手法も研究されています（図3－2）。物理空間で運動感覚と視覚を連動させることには、この例に限らずある程度の労力が伴いますが、HMD空間では、このような連動の手間を、現代の先端的なVR技術が肩代わりしてくれるのです。

全身で錯覚を感じる、フルボディ錯覚

HMD空間を対象とした錯覚研究の場合、実は「手」だけが対象となるということはあまり多くありません。手首や膝、足首などに計測器（トラッカー）を装着すれば、（HMD自体によって計測される）頭部位置を含め、全身の動きをある程度正確に再現することができます。このように全身がトラッキングされている状態であれば、全身の動きと3Dアバターの動きを連動させることができます。

この場合、例えば、視点を地面側に向ければ、手だけでなく腕や上半身、下半身も含めて見ることができます。あるいは、HMD空間に鏡の機能を有するオブジェクト（物）を設置すれば、頭部も含めた自らの全身のイメージと自然に対面することができます。このような環境で、HMDを装着する体験者とアバターの間で、身体各部において、運動錯覚・視覚・触覚などの感覚間の同期が成立すると、オーケストラ認知によって、アバターの全身が、まるで自分の身体そのも

ののように錯覚することができます。このような全身が対象となる**ラバーハンド錯覚**のことを、学術の世界では、通常**フルボディ錯覚**と呼んで**ラバーハンド錯覚**と区別します。

フルボディ錯覚には、その構成方法について、2つの種類のレイアウトが存在します。1つ目は一人称視点による**フルボディ錯覚**で、まさに現実世界で我々が自分の身体を眺めるように、アバターの頭部に視点の起点があるものです。この場合、先に述べたように、アバターの頭部は(現実世界がそうであるように)、鏡を用いない限り視界には入りません(図3-3左)。

2つ目は三人称視点による**フルボディ錯覚**で、視点をアバターの頭部から0・5mから2m程度後ろにずらしたものです(図3-3右)。この場合、自分の背中と後頭部が視界の中にすっぽり収まります。このようなレイアウトは、現実世界では明らかに馴染みの薄いものであるにもかかわらず、**フルボディ錯覚**の研究では、三人称視点による実験が採用されやすいという逆転現象が起こります。これは、**フルボディ錯覚**が視覚と他の感覚との連動によって誘導されるために、三人称レイアウトの方が視覚情報を活用するうえで都合がよいことが関係しています。

本章の主題である身体伸縮錯覚の話題に入る前に、ここで紹介した三人称視点による**フルボディ錯覚**の異質性について少しだけ触れておきます。**ラバーハンド錯覚**の実験における所有感に関する評価項目「ラバーハンドを自分の手として所有しているように感じた」は、三人称視点による**フルボディ錯覚**では「(目の前にいる)アバターを、自分の身体として所有しているように感じた」に相当します。感覚間の同期が適切に設計されている条件で、この所有感に対する評価は

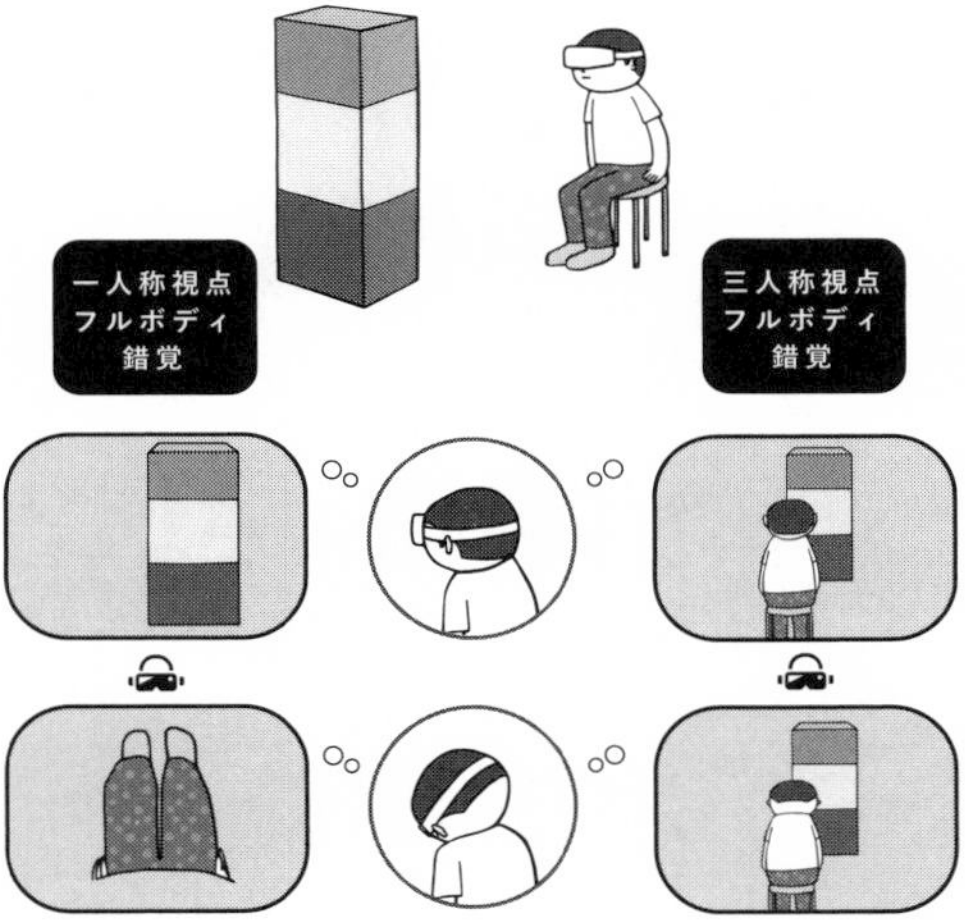

図 3-3　フルボディ錯覚における2つの視点レイアウト
正面を向いている時（上）と下を向いている時（下）のHMD映像。（巻末注2）

高くなるのが一般的です。

ところで、この三人称で俯瞰されるアバターに対する所有感の設問は、少しばかり異質にみえませんか？　というのも、先程も述べたように、自分の身体を外から眺めつつ、その傍観された身体に所有に類する意識を感じるなどということは、日常的な経験からはそもそもかけ離れているからです。

ここで問われているのは、無論、自己識別ではないことに注意してください。例えば、モニタ越しに、カメラでリアルタイムに撮影されている自分の身体をみて、「これは自分だ」と思うのとは異なるレベルで、そこに自分がいる感覚が問われているのです。このような問いに、そもそも適切に回答することは、可能なのでしょうか。

いずれにせよ、これらの疑問については、第6章で幽体離脱問題と絡めてあらためて検討していきます。本書の現段階では、三人称視点によるフルボディ錯覚でも、ラバーハンド錯覚の空間要件に準ずる4つの条件（一つの身体、形態類似、身体近傍、姿勢整合）を満足させたうえで何らかの同期刺激を設計すると、アバターに対する所有感の評価は確かに上昇するということを理解しておけば十分です。

3-2 腕や脚が伸び縮みするVR錯覚

体重計を利用した4タイプのシステム

以下では、**フルボディ錯覚**を活用した、小鷹研究室による身体伸縮錯覚に関する一連のプロジェクトを紹介します。このプロジェクトは、1人または複数で成立する特定の運動形式を通して、体験者の手足に伸張または収縮の力学的作用を与え、その力の大きさをHMDの映像内で呈示される手足の伸縮度と連動させるVR錯覚です。

これまでに4つのタイプのシステムを発表しており、研究室の展示会とは別に、国内外の著名な展示会においても出展の機会を得ています。４つのシステムに共通して、腕や脚に具体的に作用している力を、体重計からリアルタイムに取り出して活用する手法を取り入れました。以下で、制作した順に、システムの概要を説明します（図３－４）

２０１６年に最初に発表したのは、《アンダーグラウンドダイバー（Underground Diver）》という、持ち運び可能な鉄棒を使ったシステムです。体験者は、自分の頭より少し高い位置にある鉄棒にぶらさがり、そのままの状態で、鉄棒に体重をかけたり緩めたりすることで、両腕への筋肉の負荷を自ら調整します。

このとき、体験者の足元に体重計を置き、体重計に乗ったまま鉄棒に体重を乗せると、地面にかかる負荷は減少し、体重計の値は小さくなります。さらに鉄棒に体重をかけていき、両足を完全に地面から離した際には、両腕への負荷が最大になるとともに、体重計の値はゼロとなります。

この体重の減少分を、アバターの腕の長さの伸び率と連動させることで、腕が地面側に引き伸ばされていくかのような錯覚を構成することができます。このシステムでは、伸びる腕を無理なく体験者の視界に収めるために、ぶらさがりの深さに応じて、一人称視点によるフルボディ錯覚から三人称視点によるフルボディ錯覚へと連続的に切り替える特殊な機構を採用しています。

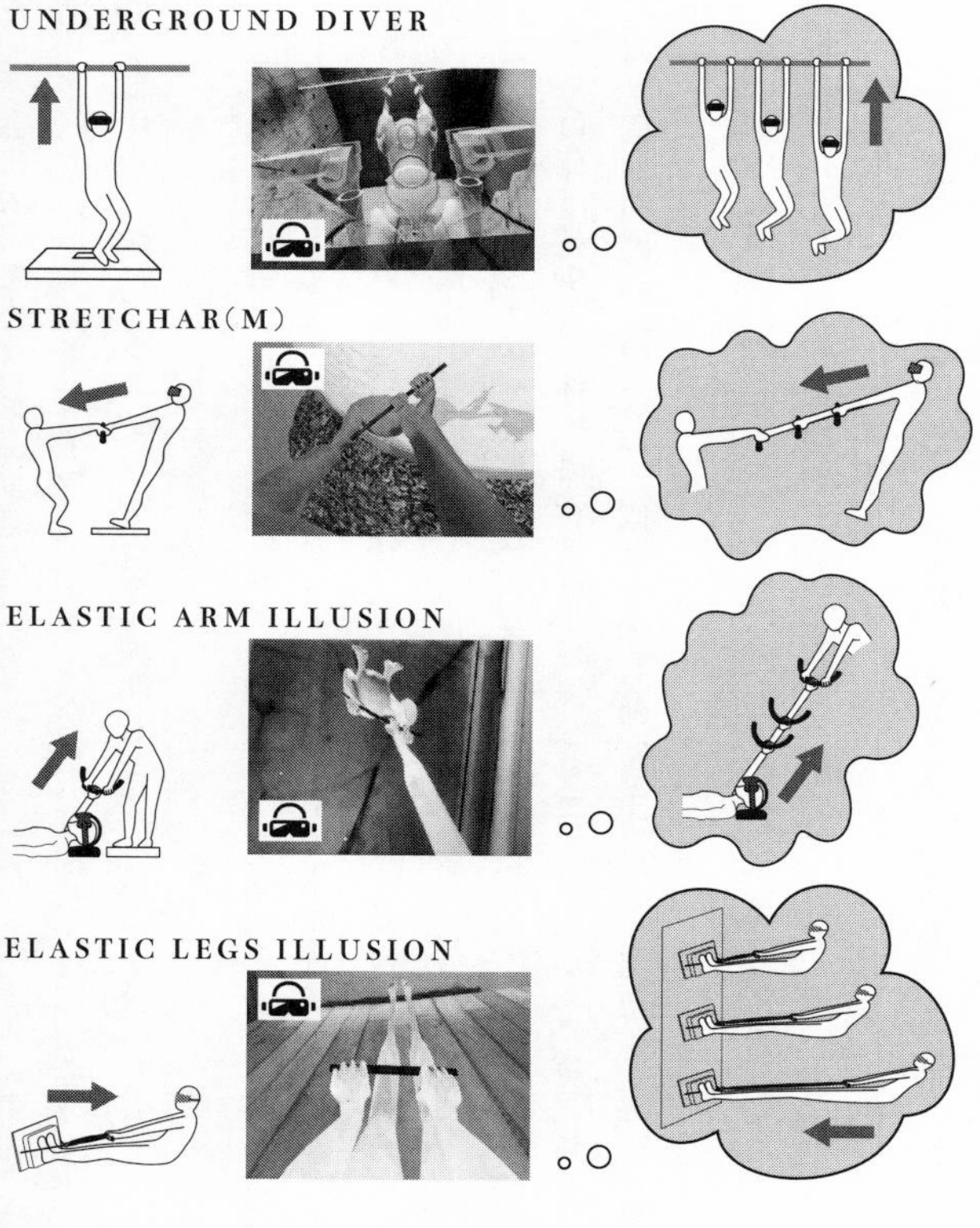

図 3-4　4つのタイプの身体伸縮錯覚のシステム
曽我部愛子・森光洋・小鷹研理「Underground Diver」(2016)、森光洋・小鷹研理「Stretchar(m) / Elastic Arm Illusion」(2017 - 2018)、安楽大輝・森光洋・小鷹研理「Elastic Legs Illusion」(2019)

その翌年に発表した《ストレッチャー（Stretchar(m)）》というシステムでは、ＨＭＤを装着した体験者と実験者の２人が、腕を伸ばした状態で、50㎝程度の金属製のハンドルを引っ張り合う方式を採用しました。

前作のように、体験者の足元には体重計が設置されています。図のようなレイアウトをとることにより、実験者が体験者の腕を引っ張れば引っ張るほどに、実験者の体重が、体験者の側へと徐々に移動し、結果的に、体験者の腕の筋肉への負荷が、体験者の体重計の値の増分と対応します。

さらにその翌年に制作した、《エラスティックアームイリュージョン（Elastic Arm Illusion）》は、寝転んだ体験者が片手で保持するハンドルを、体重計の上に乗った実験者が引っ張り上げるというシステムです。この際、やはり、実験者が体験者の腕を強く引っ張れば引っ張るほど、体重計の値は増えます。この体重計の定常時からの増分を、アバターの腕の伸び率に連動させることで、腕の筋肉への負荷とアバターの腕の伸び率との間で感覚間の同期を実現しています。

これら２つのシステムは、伸縮するアバターの腕を無理なく視界に収めることができるので、一人称視点の**フルボディ錯覚**を採用しています。

以上の３つの上肢の伸縮錯覚のシステム（以下では「腕伸び錯覚」と表記します）を発表した後、いよいよ２０１９年には下肢の伸縮感覚を誘発するシステムとして《エラスティックレッグスイリュージョン（Elastic Legs Illusion）》に取り組みました。本書では、少し名前を変えて、「足伸び錯覚」と表記しましょう。

このシステムでは、両脚をピンと伸ばした状態で座る、長座位の姿勢で、左右の足裏を木製のスタンドに接地させ、そのスタンドにくくりつけられているゴムチューブの端を自身の腕で手前側に引っ張ることで、脚がつっぱったような状態をつくります。このとき、この脚のつっぱりに応じて、脚が伸びるCG映像をHMD上で呈示することで、脚の伸縮感覚を誘発します。なお、この両足にかかる負荷は、やはり、足とスタンドの間にかませた体重計の値によって推定しています。このシステムでも一人称視点の**フルボディ錯覚**を採用しています。

視覚と筋運動が逆でも同じ錯覚――主観世界はいい加減？

これらのシステムにおいて、視覚情報と連動しているものの中でとりわけ重要なものは、筋肉への負荷に関する感覚となります。身体各部の位置情報は、固有感覚と呼ばれる関節や筋肉などに存在する受容器によってモニタされることはすでに説明しました。実は、この筋肉への負荷をモニタするのも、固有感覚の重要な仕事の一つです（専門的には抵抗覚や重量覚と呼ばれます）。固有感覚によって、筋肉の負荷の大きさと方向を認知することが可能であることを理解したところで、先程のシステムにおいて、視覚情報と筋肉負荷との間でいかなる同期が設計されていたのか、以下であらためて検討してみましょう。

最初の3つのシステムによる腕伸び錯覚は、「自分の腕が引っ張られれば引っ張られるほど、アバターの腕が伸びる」という同期関係が設計されており、筋運動と視覚の方向は一致しています（同位相同期）。それに対して足伸び錯覚では、物理的な脚の「つっぱり運動」と視覚的な「アバターの足が伸びる」程度が時間的に同期しています。この「つっぱり運動」の筋運動の方向は、実のところ、伸張でなく収縮です。つまり、この装置では、筋運動の作用方向が、物理世界（押し込まれて縮む）と主観世界（引っ張られて伸びる）との間であべこべ（逆位相）となっているのです。

直感的にいうと「あべこべ」の同期は、錯覚は起こりにくい方向へと作用するように思われます。それでは、実際に足伸び錯覚は先行する3つのシステムと比して、伸縮錯覚の強度が弱くなるのでしょうか？　展示会のアンケートによれば、足伸び錯覚については、75％（33／44）の体験者が、錯覚を強く感じると報告しており、これは他の（あべこべではない）同位相のシステムによる水準とほとんど変わりません。

それでは、「つっぱり運動」に対して順方向の運動イメージ（縮む足）を連動させれば、錯覚の強度はより高まるのでしょうか？　詳細は省きますが、筆者らがその後に行った実験によれば、「つっぱり運動」に対して足が「伸びる映像」と「縮む映像」を別々に与えて比較したところ、統計的に有意な差が得られず、両者とも相応の錯覚効果を有することがわかりました（図3－5）。

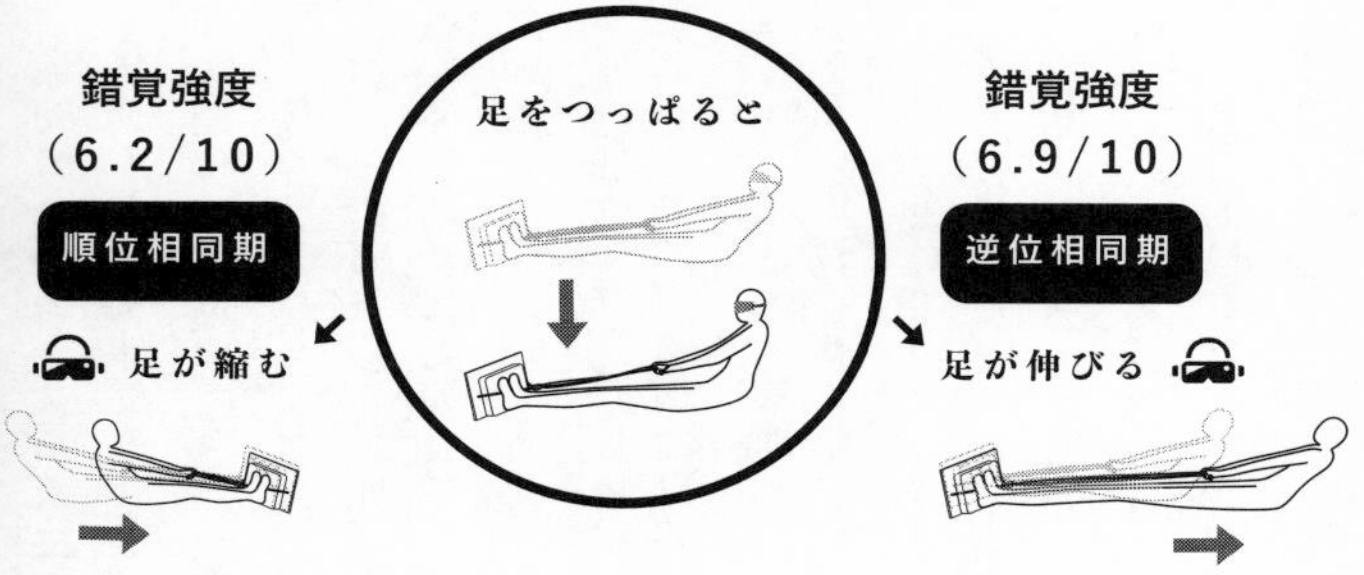

図 3-5　Elastic Legs Illusion において適応可能な２つの同期
岡田莞助・小鷹研理（2019）「筋運動は順逆両位相の伸縮イメージと適合する」、日本認知科学会第36回大会

驚くべきことに、両脚を押し込まれているという物理的な現実に対して、しかし人は、「押し込まれて縮む」でも、真逆の「引っ張られて伸びる」でも、視覚刺激として等しく受け入れることができるのです。まさに主観世界のいい加減さを物語る、なんともユニークなエピソードだとは思いませんか。

このような真反対の錯覚が等しく成立する背景として、筆者は、伸張反射と呼ばれる神経系の機構に注目しています。伸張反射とは、簡単にいうと、外側から筋肉を引き伸ばしたり収縮しようとする力が働くと、それを相殺しようとする逆側の力が神経系のレベルでも発生し、全体として均衡を図ろうとする機構です。このような機構を前提とすると、逆位相の足伸び錯覚の中で「伸びゆく脚」のイメージと同期しているのは、外力（収縮）ではなく、この内的な補償作用（伸長）の方なのだ、という説明が可能となります。

この解釈に従えば、特定の筋運動に対して、順逆いずれの視覚イメージを適用しても、等しく伸縮感覚が誘導されると考えるのが自然でしょう。つまり「伸ばす」と「縮む」は、同じ一つの現象の表と裏の関係にあり、視覚情報に誘導されるかたちで、前景化される筋運動の方向が決定するのです。

3-3 空想世界の身体状態でも、受け入れやすいものと受け入れにくいものがある

漫画や映像の世界でなじみのある「弾力のある身体」

絵本・漫画・映画・ゲーム等の視覚表現の中には、「弾力のある身体」の図像が頻繁に登場します。これは、「自分の身体が伸び縮みするとしたらどんな感じか」という体感を、私たちが無理なく「内的な視覚」の中で即座に想像できることが大きく関係していると考えられます。

実際、先述のVR錯覚を体験してもらうと、少なくない体験者が、大人気漫画『ワンピース』の主人公、ルフィ（身体がゴムのように伸びて敵の打撃や銃撃をかわす能力を持ち、その身体能力で戦う）を連想したことを報告します。このような連想は、漫画やアニメーションの中で登場する「弾力のある身体」を見ているときに駆動される想像力と、VR錯覚において多感覚的に駆動される想像力とが、いずれも同じ水脈を共有していることの表れであるように思うのです。

逆にいえば、（身体の伸び縮みに限らず）漫画や映像の中でくり返しくり返し登場するような身体変形のパターンは、文化や属性によらず人間にとって普遍的な水脈の中に含まれるものであり、VR環境でも錯覚の感度が高くなるであろうことが、（体験する前から）ある程度予想されるのです。

後ろに目がある状態を実感できるか

ここまでの考察で重要な点は、物理世界の身体に「起こりそうなこと」と「起こりそうにないこと」とのリアリティーに濃淡があるように、空想世界の身体に関しても、「空想しやすいこと」と「空想しにくいこと」との区別があるという認識です。この図式に従えば、「手足が伸びる」という体験は、物理世界のリアリティーは弱いが、空想世界のリアリティーは強いということになります。

ところで、空想世界が文字通り「空想」である限りにおいて、本当に「強い」も「弱い」もあるのか？　と訝しがる読者がいるやもしれません。そこで以下では、空想世界のリアリティーの濃淡を簡単な思考実験によって実感してみましょう。

ここで検討したいのは、一言でいうと〈背眼〉とも呼ぶべき新しい身体の「カタチ」です。その身体では、左右の目のみが180度回転し後頭部に移動し、それ以外の全ての身体のレイアウトは以前のまま保存されています。右目が後頭部の左側、左目が後頭部の右側へと移るので、首

図 3-6　背眼のイメージ

を右に向けると視界は左側へ、首を左に向けると視界は右側へと動きます（図３-６）。

背眼と同様の状況は、後頭部にカメラを後ろ向きに設置し、カメラの捉える映像をＨＭＤゴーグル等を通して見ることによって構成できることに注意してください。この視界は、バックミラー越しに背面を見ている映像を左右に反転したものであり、日常環境で経験することはまずありえません。

それでは、空想世界における背眼のリアリティーの濃淡を判定してみましょう。やってもらうことは簡単です。目を閉じた状態で、首を上下左右に動かし、背眼の視界をうまく想像できるか、納得のいくまで試してもらえれば十分です。

いかがですか。筆者の予想では、ほとんどの人が背眼で捉える光景を「内的な視覚」の中でうまくイメージすることに失敗するはずです。これは、なにも当てずっぽうに予言したわけではありません。というのも、小鷹研究室は以前、この種の背眼錯覚をVRで実際に構成したことがあり、筆者は背眼に対する体験者の反応を直に観察しているからです。このシステムは、《エルボリスト（Elbowrist）》という名前で、国内の複数の展示会で発表されました（図3-7）。《エルボリスト》は、後頭部にカメラがあるような視界を、CG映像によってVRゴーグル内にシミュレートしています。そして、《エルボリスト》によって背眼を体験するほぼ全ての人が強烈な混乱を覚え、また生理的にも強い酔いの感覚を訴えたのです。

《エルボリスト》では、運動感覚と視覚の連合をより強めるために、手に持ったスティックを背面へと折り返し、背眼時にも自分の手の動きが間接的に視界に介入できるように工夫していま す。この場合、右手に持った棒が視界の左側へ、左手に持った棒は視界の右側に現れます。背眼視点においてこのような連合を、おおよそ5分程度体験していると、部分的に理解がすすむ人も出てきます。

それでも多くの人は、「右向くと左」「左向くと右」のような説明的な理解に終始し、「目が後ろについている」というような明確な身体のイメージを体感するには至りません。すなわち、無意識的な反応が、意識的な理解に追いついていないのです。「弾力のある身体」に対して広く見られていた即応とは、まるで事態が反転しています。

背眼視点を経験してもらうとわかりますが、多くの人が決定的に戸惑い、適応に苦しむのが、運動感覚の方向と視界の移動方向との反転関係です。このことは、上下左右を向いたときに、そ

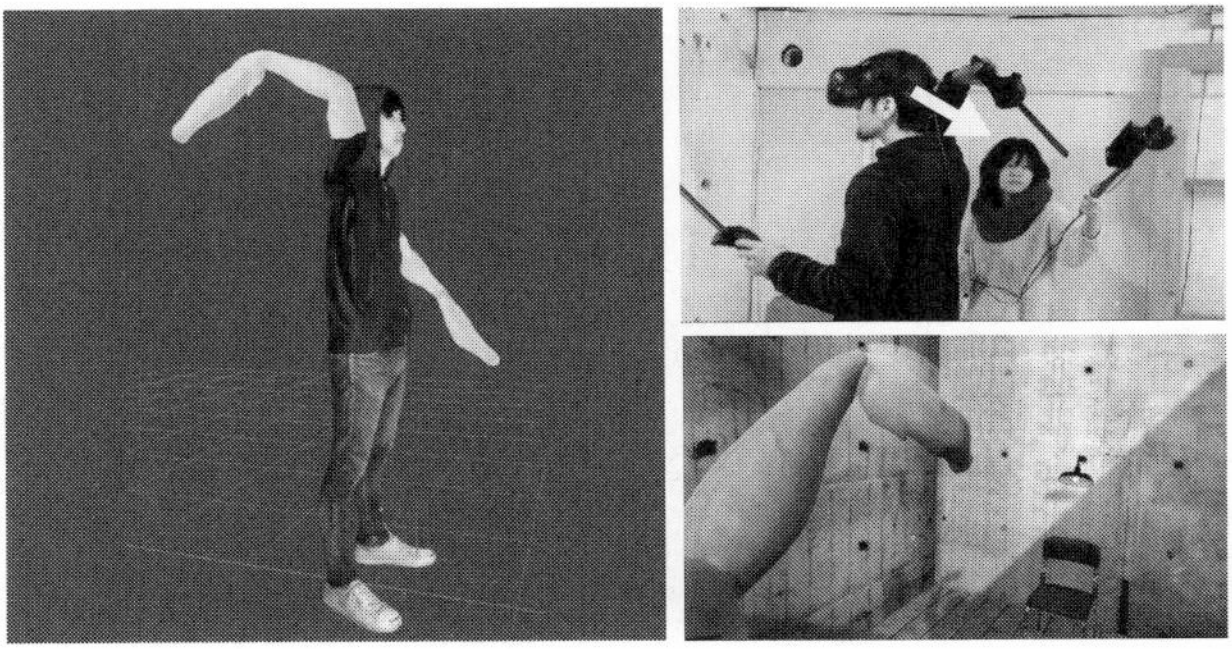

図 3-7　ELBOWRIST と背眼視点における視線方向

棒によって延長された右手を背面に裏返し、その手の先を背眼で捉えようとしている様子。矢印が視線に対応している（右上）。体験者は、HMDを通して視界の左側に自らの右手を捉えている（右下）。室田ゆう・森光洋・石原由貴・小鷹研理（2017）「ELBOWRIST: HMDを用いた第二の肘を介した背面空間の探索」、情報処理学会エンタテインメントコンピューティングシンポジウム2017論文集

れに応じて視界が正しく上下左右に動く連合関係が、極めて強い習慣として内面化されていることを示しています。

筆者自身は、ＶＲによる背眼錯覚を、学生の卒業制作に関わる中で、数ヵ月ほど定期的に体験するという稀有な機会を得ました。この中で、ある時から、後頭部から長い棒が地面と平行に伸びていて、これの指す方向が視界の中心である、というイメージを内面化することで、運動と視界の連合において戸惑うことが少なくなりました。

それでも、その限られた数ヵ月の間では、「目が後ろについている」に類する、スカッと腑に落ちるような「からだ」を手にすることは残念ながら叶いませんでした。このような有様ですので、展示会での高々５分ほどの体験時間の中で「わかった」と強く実感でき

る人はほとんど皆無であったことは、何ら意外なことではありませんでした。

読者の中には、背眼視点が、心理学の古典として比較的よく言及されている「逆さ眼鏡」の状況と非常に近いことに気づいた人もいるかと思います。「逆さ眼鏡」というのは、眼鏡のしかけによって、背眼視点と同様、視界の中で上下あるいは左右がそれぞれ反転して見えるものです。背眼と異なり視界は前方を向いたままなので、「目が後ろについている」に類する、反転した視覚世界と正確に対応するような新しい身体のレイアウトを想定することが、そもそもできません。いずれにせよ、「逆さ眼鏡」をはじめて体験する際の反応は、筆者がこれまで観察してきた背眼視点に対する周囲の反応（運動と視覚との連合の失敗、強烈な酔い、眩暈など）とほとんど変わりません。

「逆さ眼鏡」については、心理学の研究の一環として長期着用実験の事例が多数報告されています。これらの報告に共通するのは、「逆さ眼鏡」の世界に完全に順応するのに、おおよそ1週間から2週間ほどの時間を要することです。こうした事例から推察するに、仮に四六時中、背眼視点を強いられたとして、同程度の時間を順応に要すると考えられます。本章で提示した概念に従えば、背眼という未知の身体のレイアウトは、現実世界のみならず、空想世界の身体としても極めてリアリティーが「弱い」ことになります。

未経験なのに学習済み!?

一般に、生体が新しい技能を習得する際には、脳に存在する神経細胞同士の重み（接続の強さ）が変化する、ということが起こります。これは、学術的な用語としても「学習」と呼ばれます。

生体が未知の状況に遭遇すると、まずは既存のネットワークの資源を使い回せないかどうかが探索され、それでも足りないような構造的に新規の状況に対応するという段になって、はじめて学習プロセスが駆動します。既存の学習パターンと矛盾するような構造を予測できるようになるためには相応の労力を要することになりますが、パターンに一貫性が認められる限り、定期的に学習の負荷をかけ続けることで、やがて学習は完了します。

「逆さ眼鏡」で生じていた2週間程度の順応は、まさにこの種の学習過程であったと考えられます。翻って、本章の前半で紹介したさまざまな「弾力のある身体」は、現実世界にとっては全く未知の身体像でありながら、学習過程をすっとばして、即座に受け入れられます。この現象を説明するには、学習が秒速で完了したというよりは、すでに学習が済んでいたと考えるのが妥当であるように思います。

しかし、現実世界において一度も遭遇したことのない未知の身体運用に対して、学習が済んでいるというのは、いかにも論理的に矛盾している印象があるのも事実です。そんなことが、いかにして可能なのでしょうか。

3-4 夢で空を飛べるのは、なぜか

「未知の事象に対する学習が完了している」ことに納得できない人は、夜、夢を見ているときの世界のことを思い出してください。夢の中では、現実の物理法則に矛盾するような出来事が、次々と平気で起こります。例えば、ある程度の年齢を重ねた人であれば、「空を飛ぶ」夢を見たことが無いという人の方が珍しいでしょう。

学習の本質とは、現実の刺激がオフラインの状態でも、対象となる運動イメージとそれに伴って変化する（視覚などの）刺激パターンとを容易に予測・再生できることにあります。つまり「夢に現れる」ことそのものが、実はその事象に対する学習が完了していることを暗に示すものなのです。これらは、内観の中で特定の運動イメージに、自分の身体を無理なく重ねられることと、ほとんど同義です。

要するに、私たちが目を閉じて「空を飛ぶ」運動イメージを「内的な視覚」の中で容易に構成できることは、「空を飛ぶ」夢を見る機会に恵まれていることを裏側から保証しているのです。同様に背眼の夢を見る人はまずいませんが、背眼錯覚のVRを2週間ほど体験し、十分に順応した後であれば、「背眼」の身体を使いこなす夢を見ることも可能となるはずです。

くり返しますが、「空を飛ぶ」身体は、我々の認知空間の中ですでに学習の完了した資源とし

て、確かに「ある」ものだと考えるべきなのです。そして、このような、未知でありながら学習済みの身体は夢の中のみならず、現実世界でも時折、顔を出すことがあります。

誰にも起こりえる、不思議の国のアリスの世界

空想世界の中に閉じ込められていた身体のイメージが、現実世界に不意に漏れ出てしまう奇妙な認知現象があります。その一例として「不思議の国のアリス症候群」（以下、アリス症候群）について紹介します。

この名前は、もちろん、ルイス・キャロルの名著『不思議の国のアリス』からとられています。大人にも子供にも起こることがあり、周囲のモノや自分の身体が実際とは異なるサイズに感じられることがあります。図３－８に、６歳からアリス症候群の体験を有する人に、実際の知覚体験を絵として描いてもらったものを示します（この絵は、齋藤五大先生のチームが国内会議で事例報告として発表したものです）。

関連の報告を集めて分析した論文によれば、アリス症候群では、自分自身よりもモノのサイズ感が変わることが圧倒的に多く報告されています。さらにそれ以外に、時間感覚の変調や離人感（自分の意思と体が分離されて、自分を外から観察しているような、自分自身が非現実的であるような感覚）などのさまざまな症状の複合体として捉えられるようです。いずれにせよ、報告された患者のうちの10％弱が、身体全体あるいは一部の部位の巨大化や縮小化を経験しています。

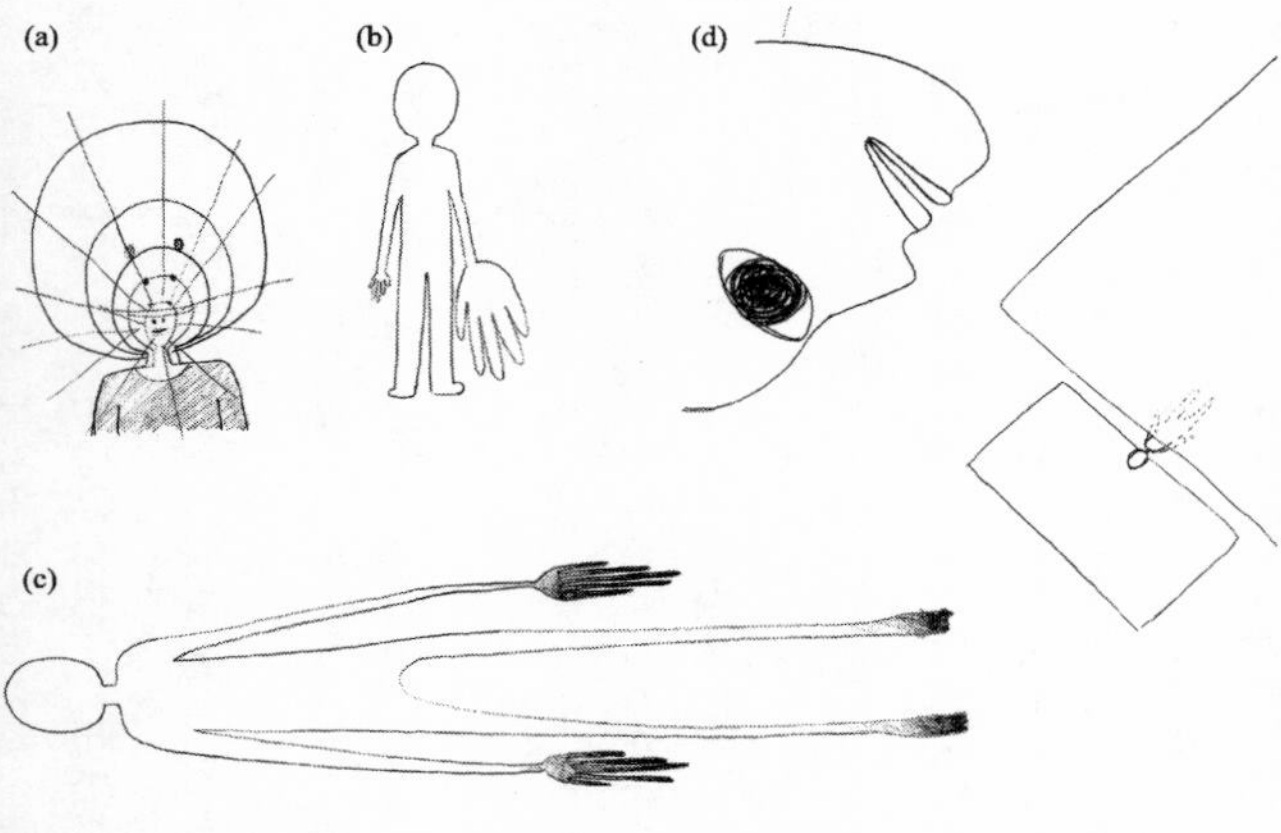

図 3-8　不思議の国のアリス症候群の認知体験のスケッチ

齋藤五大・高木源（2022）「不思議の国のアリス症候群：事例報告」日本認知科学会第39回大会発表論文集

特筆すべき点として、これらの症状は、必ずしも脳神経の損傷などの器質的な問題によって引き起こされているわけではありません。そのほかの点では何の問題もなく日常生活を送れている人が、この一点においてのみ、奇怪な体験をしているということが実際にありえるのです。

　このような主観的な身体変形は、多くの場合、当人の意思とは無関係に起こり、ときには現実の生活に支障が生じることもあるようです。「普通の人」がそのような錯覚状態を望んでも手に入れられないことをふまえると、彼らには一種の特別な能力が宿っていると考えることもできます。先の考察に従えば、彼らの脳には、何らかの形で学習の完了した、身体変形に関する特別な神経細胞ネットワークが存在しているという具合です。しかし、それは本当に「特別」と呼べるものなのでしょうか。

思い出してもらいたいのは、アリス症候群の症状を持たない「普通の人」であっても、本章の冒頭で紹介したような錯覚装置を使えば、身体変形感覚を比較的容易に誘発することができる、という事実です。仮に、**ラバーハンド錯覚**に作用する認知資源が、アリス症候群の症状を生み出しているものと近いとすれば、「普通の人」とアリス症候群を発症する「特別な人」との間を隔てるものは、ほとんど紙一重のはずです。

筆者は、この種の神経ネットワークが、成長に伴って身体のサイズが巨大化していくなかで、標準的な身体運用を習得する発達過程に伴う副作用として不可避的に生成され、実際的な目的とは別に、誰もが無意識に抱えこんでしまうものだと考えています。

要するに、アリス症候群の患者が有している特別な能力とは、おそらくは誰しもが有している身体変形の引き出しのロックを（望むと望まざるとにかかわらず）解除できる特性にこそ見出されるのです。同じ引き出しを共有しているという点では、「普通の人」は、おしなべてアリス症候群の予備軍であるという言い方も可能でしょう。

ラバーハンド錯覚における感覚間の同期は、「普通の人」の中に眠る、この種の引き出しのロックを、外部から一時的に解除する手続きであるのだと考えられます。このように考えると、多くの身体変形錯覚に、学習を介さず即座に適応できてしまうということの説明もつきます。逆にいえば、背眼に相当するような身体変形の引き出しは、通常の発達の過程ではおそらく生まれません。アリス症候群の中に「目が頭の後ろについている感覚になる」というような症例が見当たらないのは、彼らの有している身体変形の道具箱に、アリス症候群にだけ許された特殊アイテムが紛れているわけではないことを教えてくれているのです。

アリス症候群のように、一部の人のみが経験する、一見すると奇怪な認知現象に注目することは、我々が普遍的に有している「からだ」の引き出しの多様さを自覚するうえで、極めて有用です。第6章では、やはり稀にしか生じない認知現象である幽体離脱を題材として、普段は「開かずの引き出し」の中に眠る多様な身体イメージを深く探っていきます。

3-5 指が伸びる錯覚

一人でも可能な錯覚体験

本章の締めくくりとして、指が伸びる感覚を実際に体感することのできる即錯《薬指のクーデター》を取り上げます。この即錯は、前章に取り上げた《トントンスワップ》や《ダブルスクラッチ》のように、誰か一緒に相手をしてくれる人がいれば申し分ありませんが、少しの工夫があれば、たとえ一人でも十分に錯覚を体感するチャンスがあります。

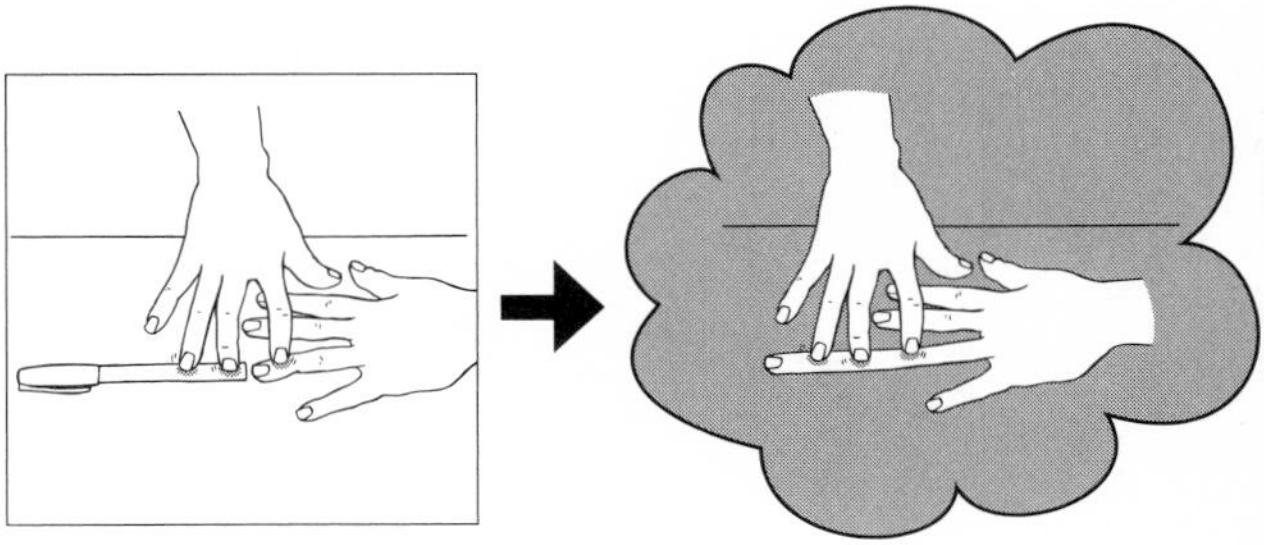

図 3-9　**薬指のクーデター**

目を閉じた状態で、薬指の爪の付け根付近、および延長線上に固定した棒状のモノを同時に触れる（タップまたは触れたままぐりぐり）と、指が長くなるように感じられる。

やってもらうことはとても単純です（図3-9）。まず、机の上に一方の手を置きます（以下では、利き手を右手として、左手を机に添えていることを前提に説明します）。ちょうど左手の薬指の先から点線が伸びているイメージで、その点線に沿って、ペンなどのスティック状のモノを配置してください。このとき、ペンと指先の間にはわずかな隙間を開けると同時に、ペンがわずかでもぐらつかないように、マスキングテープなどで机にしっかりと固定してください。この状態で、図左に示すように、右手の人差し指を、左手の薬指の爪の付け根付近に、右手の中指と薬指をペンの表面に、それぞれが一直線となるように並べ、目を閉じた状態で、3点を同時にとんとんとタップしてください。少なくても数十秒はつづけてみましょう。

このとき心理的に起こる典型的な現象は、図右のように、左手の薬指が伸びたように感じ、しかも指の先端が、右手とペンとの接触点よりもさらに先にあるように感じられます。この際に重要なのは、手全体がペンの側へと移動したり伸びるわけではなく、薬指の先端部分のみがペン側へと引き伸ばされるということです。接触点より内側の領域や他の4本の指の場所やイメージは何も変わりません。

ここで錯覚を感じている人に「一番長い指はどれですか?」と尋ねると、ほぼ例外なく「薬指」と回答します。錯覚によって、中指が、最も長い指の座から追われたのです。これが《薬指のクーデター》という名前の由来です。小鷹研究室は、この錯覚を2020年に開催した研究室展ではじめて発表しました。その中で収集したアンケートでは、63人のうち53人もの人が錯覚を「感じる」または「強く感じる」と回答しています。これは、小鷹研究室が考案したセルフタッチ系の即錯の中でも、一、二を争う錯覚率の高さです。

さらに錯覚しやすい、クアドタッチ

とはいえ、この時点であまり錯覚を感じることができなかった人も、まだ望みを捨てることはありません。錯覚の感度を高めるためのいくつかの方法を試してみましょう。まず、ペン側に触れる指の数や種類のバリエーションを変えてみてください。

実は、この錯覚は、図3-10に示した《クアドタッチ》のように、多数の指を動員したときの方が錯覚の感度がより高まることがわかっています。ペン側に触れる指の数を増やしたり減らし

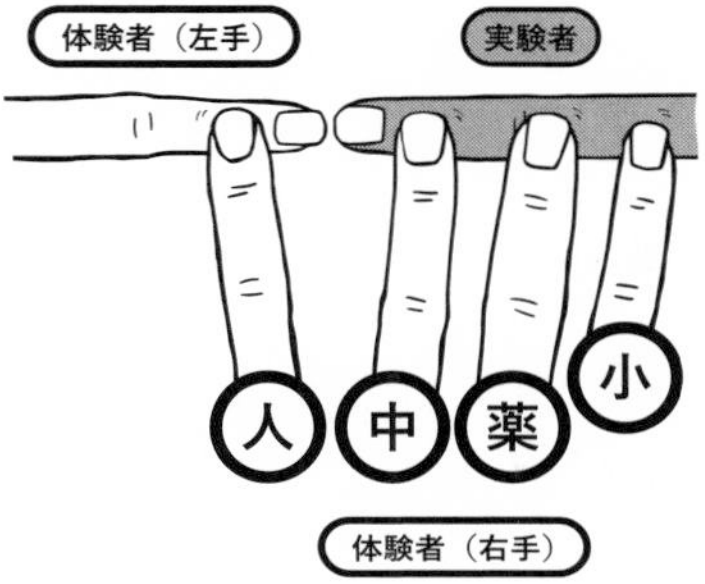

図 3-10　クアドタッチ
佐藤優太郎・齋藤五大・小鷹研理（2022）「クアドタッチ錯覚による所有感生起の連鎖」、日本認知科学会第39回大会発表論文集

たりすることで、感じ方のコツがわかるかもしれません。

もう一つの方法は、触り方をいろいろと変えてみることです。おすすめは、タップでなく、複数の接触点を離さずに押しつけたままの状態で、接触している指を、同時にぐりぐりと前後に揺らす方法です（《トントンスワップ》よりも《グラグラスワップ》の方が錯覚の感度が上がることを思い出してください）。うまくいくと、自分の指とペンが、同じ1本の丸太のようにつながり、同じ丸太（自分の指）をぐりぐりと揺らしているような感覚になります。タップでうまくいかない人でも、このやり方を伝えると、「はっ」とわかるということが経験的に多い印象があります。

こうした方法でうまくいかなかった人は、ペンではなく、誰かの指を借りてしまいましょう。具体的には、自分の指と相手の指を直線状に、向かい合わせるように並べて、自分と相手の指を同時に触ります（巻頭の即錯漫画を参考にしてください)。小鷹研究室の心理実験では、ある程度の割合で錯覚を感じてもらう必要があるため、全てこの方法を採用しています。これでもなお感じられない人は一定数いますが、この場合、個人差の要因を検討してみる必要がありそうです。

この錯覚は、薬指以外の指であっても問題なく生じます。今のところ、指によって、錯覚の起こりやすさが異なることを示唆するデータは得られていませんが、錯覚によって「一番長い指」の座を奪えるかどうかとなると、話は別です。実際、人差し指と薬指では容易にクーデターを起こすことができますが、親指ではかなり難しい印象があります。小指の場合は、先述の《クアドタッチ》を行えば、比較的多くの人が「小指のクーデター」に成功しているようです。ぜひ試してみてください。

3-6 ダブルタッチ錯覚 ——接合型のラバーハンド錯覚

ラバーハンド錯覚とセルフタッチ錯覚との違い

《薬指のクーデター》は、自分の指とモノ(ペンや他人の手)に対して同時に触覚刺激を与えることによって、モノが自分の指に転じる錯覚と定式化できます。これは実は、第2章で紹介した広義の意味での**ラバーハンド錯覚**の定義とピタリと重なります。

広義のラバーハンド錯覚とは何だったか、第２－３節で示した「S（セルフ）タッチ ×R（ラバーハンド）タッチ ↓ Sタッチ」という「公式」で思い出してみましょう。この公式は、SタッチとRタッチを同期させることによって、２つのタッチに関わる主観像が、単一のSタッチへと縮減されるということを意味していました。そして、この視点でみると、《薬指のクーデター》で起こっていることは、これまでにみてきたさまざまな**ラバーハンド錯覚**および**セルフタッチ錯覚**の仕組みと大枠で共通していることがわかります。

《薬指のクーデター》の本質は、体験者の指とラバーハンドの指に、体験者が同時に触覚刺激を与えることにあります。SタッチとRタッチの数は任意であり、問題とはなりません。このような構造の錯覚を、筆者らは**ダブルタッチ錯覚**と呼んでいます。

ダブルタッチ錯覚とその他の広義の**ラバーハンド錯覚**とでは、SタッチとRタッチを「誰がやるか？」によって区別されます。**ラバーハンド錯覚**は、これらを共に実験者が行い、**セルフタッチ錯覚**では、実験者がSタッチを、体験者がRタッチを行います。**ダブルタッチ錯覚**は、SタッチもRタッチも体験者自身が行います。すでに一方の手が受け側に使われているため、**ダブルタッチ錯覚**では、もう一方の手の５本の指の中から、SタッチとRタッチを振り分ける必要があります。

まとめると、３つの錯覚（**ラバーハンド錯覚、セルフタッチ錯覚、ダブルタッチ錯覚**）のバリ

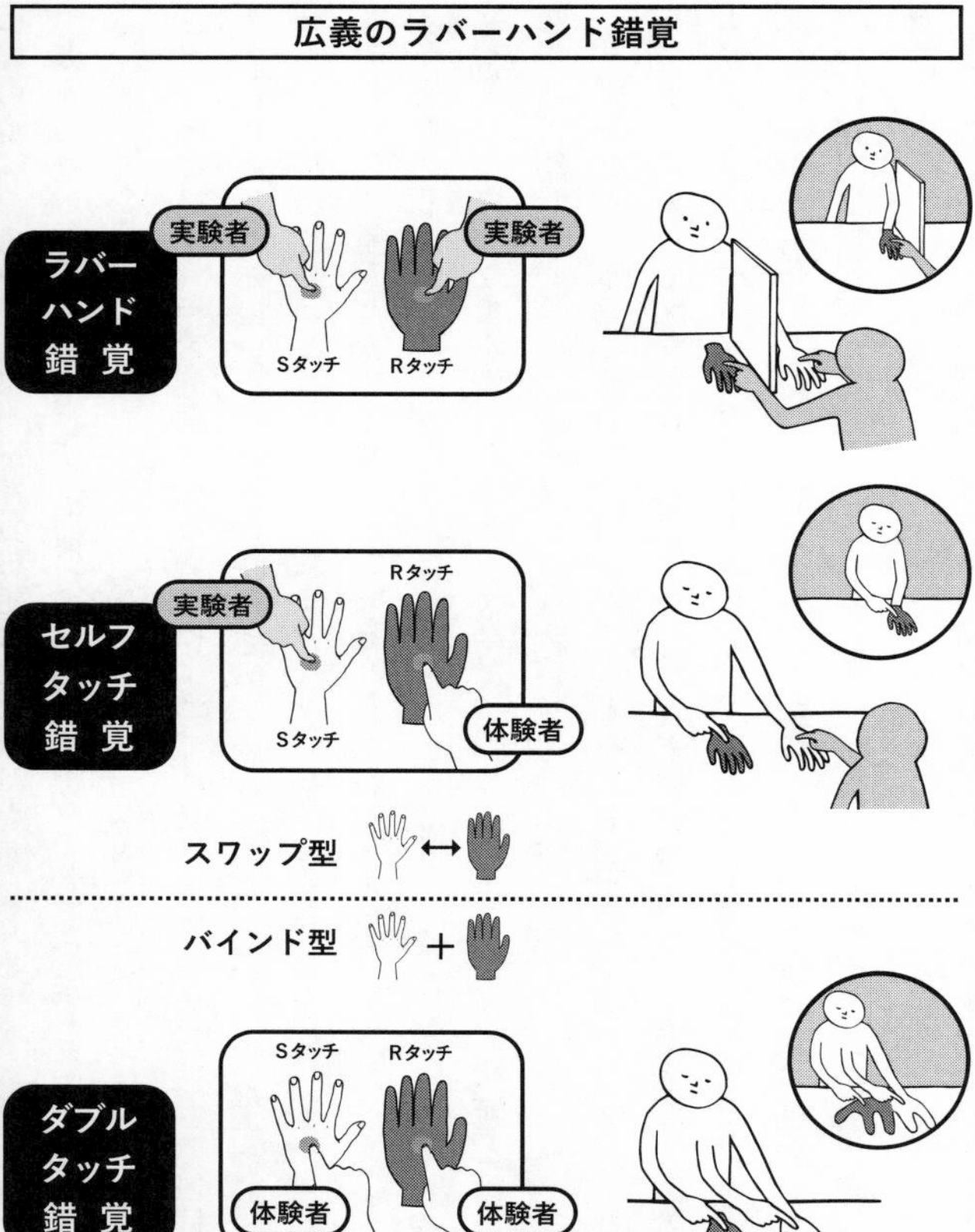

図 3-11　広義のラバーハンド錯覚に含まれる 3 つのバリエーション

ダブルタッチ錯覚のイラストは、あくまでもバインド型錯覚の特徴を便宜的に強調するためのものであり、実際には、一方の手から2本以上の指を使ってSタッチとRタッチを振り分けることに注意。

エーションは、SタッチとRタッチの執行に「体験者」と「実験者」のどちらが関わるか、その組み合わせの違いから整理されることがわかります（図３－11）。

錯覚研究の新しい可能性

このような視点から、**ダブルタッチ錯覚**の錯覚構造上の特異性が、「Sタッチを体験者自身が行う」という点にあることがクリアになります。ところで、**ダブルタッチ錯覚**は、学術の世界において、（ただでさえマイナーな存在であった）**セルフタッチ錯覚**に、より一層輪をかけてマイナーな存在です 巻末注３。これは**ダブルタッチ錯覚**が、「自分の手への接触を自分自身で行っていること」に関係していると筆者は考えています。それと同時に、この特異性にこそ、今後の錯覚研究に、**ダブルタッチ錯覚**が吹き込むであろう新しい可能性が秘められている、とも確信しています。どういうことでしょうか。

ラバーハンド錯覚とは、簡単にいうと、自分とは異なるもの（ラバーハンド）を自分の身体であると認識させようとするものでした。そのため、これまでに紹介した錯覚において、体験者の注意を「自分の手」（への触覚刺激）から逸らすことが、錯覚誘導における極めて重要な設計要件となっていたのです。

あらためて振り返ってみると、**ラバーハンド錯覚**にせよ、**セルフタッチ錯覚**にせよ、誘導時に（実験者の行う）Sタッチは、体験者の意識に干渉しないように実行されることが何よりも大事でした。**ラバーハンド錯覚**においては衝立が、**セルフタッチ錯覚**では「目を閉じる」という手続きが、この「自己マスキング」の作用を担っていたことがわかります。要するに、これらの手続きによって、体験者は、Sタッチに「気づかないふり」をしていたのです。

このような自己マスキングによって、自分の身体（現実）を、ラバーハンド（虚構）にそっくり入れ替えてしまおうとする錯覚の形式を、筆者は「スワップ型錯覚」と整理しています。「スワップ型錯覚」においては、Sタッチは必ず、実験者によって行われなければなりません。というのも、自分で自分の身体に触れていながら、一方でその事実を忘れるなどということは、どれほどの修行を積んだ精神の達人であれ、至難の業であるためです。

ダブルタッチ錯覚では、この未踏の領域に踏み込んでいます。とはいえ、先の原則が覆されることはありません。自分で自分の指を触っている、その事実を心理的に消すことはできないのです。この時点で、自分の手をラバーハンドとそっくり入れ替えること（スワップ型）はあきらめざるをえません。では、（Sタッチによって）「自分の手」を自分のものであると受け止めつつ、（Rタッチによって）同時に「ラバーハンド」をも自分の手に収めるためにはどうすればよいか。

この課題に対して、**ダブルタッチ錯覚**は、「接合」というアクロバティックな解法を編み出します。つまり、SタッチとRタッチを、それぞれ異なる点でありながら、同一の「自分の身体」に位置するものと捉え直すのです。この種の錯覚を「スワップ型錯覚」と区別して、筆者の研究室は「バインド型錯覚」と呼んでいます。SタッチとRタッチが一つの点へと縮約されてしまう

ラバーハンド錯覚および**セルフタッチ錯覚**との違いは明らかです。

「バインド型錯覚」は、その名の通り、元々の自分の身体を何も変えないまま、その末端に新たな身体をつなげることに本質があるため、身体変形が選択的に誘導される特徴があります。このバインド型としての**ダブルタッチ錯覚**の特性をうまく利用すると、身体変形に関する空想世界のリアリティーの強さを、実験心理的なフォーマットで定量的に検証することができます。

小鷹研究室は、現在、この課題にまさに取り組んでいるところですが、具体的内容については、別の機会に譲ります。

第4章

からだの錯覚は思い込みと何が違うのか

——錯覚が生まれる、その時脳は……

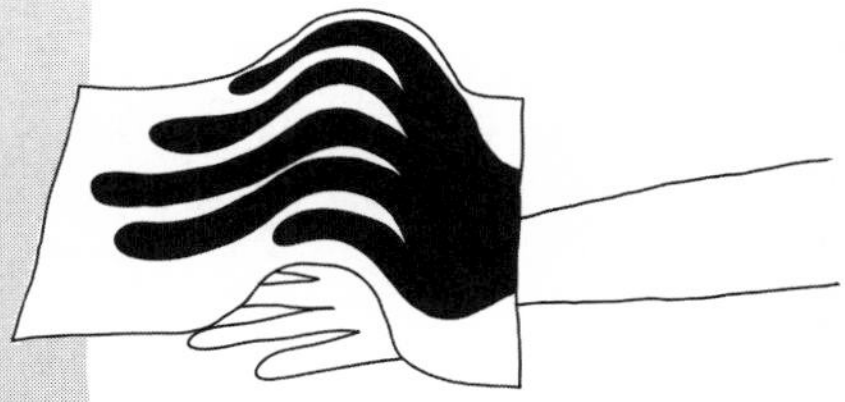

4－1 錯覚は思い込みではないのか

第1章から第3章までを通して、ＨＭＤなどの大掛かりな装置がなくても比較的簡単に試すことのできる即錯をいくつか紹介してきました。これらの錯覚のうちの大半を強く実感できた人であれば、これまでの議論についてくることは、それほど難しくなかったのではと思います。他方で、いずれの錯覚についても、あまり感じられずに戸惑っている人もいるはずです。

実際、これまでに何度か言及してきましたが、からだの錯覚に不感であることは全く珍しいことではありません。例えば、授業でそれなりの数の学生が同時に即錯を体験する際に、そこかしこで驚きの声が挙がる中で、一定の学生の頭上に大きなクエスチョンマークが浮かんでいる、という光景は馴染みのものでもあります。

錯覚・思い込み・暗示のかかりやすさの関係性

あるいは、錯覚不感の読者の中には、錯覚を感じているという評価は単なる「思い込み」に過ぎないのではないか、というような疑念を持つ人がいるかもしれません。実のところ、この問いは、簡単に受け流すことのできない、極めて重要な論点を含んでいます。

例えば、第2章で述べたように、ほとんどの錯覚者は、ラバーハンドが（本当は）自分の身体でないことを十分に自覚しつつ、同時にラバーハンドが自分の身体であるかのような感覚に陥ります。ここでは、1人の人間が、まるで「ごっこ遊び」をしているように、現実側の認識と虚構側の認識に分裂してしまっているようにみえます。

あるいは、筆者のように**ラバーハンド錯覚**を何度も何度も経験するようになると、錯覚を感じる状態に入るための主観的なコツのようなもの――心の中にあるツマミを微妙に調整していくようなプロセス――を自覚するようになります。ただ、これは、みようによっては、いわゆる「おまじない」の類にみえなくもありません。このように「思い込み」のようなものが錯覚にとってのある種のトリガーとなっているという主張は、経験的にも否定しがたいものがあります。

この「思い込み説」をさらに補強する、「被暗示性（sensory suggestibility）」と錯覚の感度との関係に関する、興味深い実験データがあります。被暗示性とは、ある人がどの程度、暗示にかかりやすいのかを指標化するための心理学的な概念であり、実際に、いくつかの簡単な実験によって測定することが可能とされています。

それでは、実際にそのうちの一つのテストを体験してみましょう。自分の人差し指と中指で、右のこめかみを触り、目を閉じた状態で、20秒ほどの間、自分の鼓動を数えてみてください。実際の測定では、どれほど自分の鼓動を鮮明に感じることができたかを、0から4の間の5段階で回答してもらいます。

みなさんはいかがでしたか？　こめかみは、生理学的に心拍の情報を持ちませんが、被暗示性の高い人は、まるで手首の脈に触れている時のように、こめかみを介して鼓動を確かに強く感じたと回答します。このようなテストを対照実験も含めて10以上行うことによって、一般的に「思い込み」といわれるような属性の個人特性が、客観的な数値で算出されます。

2016年のマロッタ（Marotta）による実験では、70人の被験者に対して事前に被暗示性テストを行い、被暗示性の高いグループ（31人）と低いグループ（30人）に分け、**ラバーハンド錯覚**の標準的な実験を行いました。

実験の結果、所有感の主観評定では、被暗示性の高いグループの方が、低いグループと比較して有意に高い評価をしていた一方で、自分の手の位置感覚がラバーハンドの方向に動いた距離（固有感覚ドリフト）ではグループ間の違いはみられませんでした。すなわち、両者のグループともに手の位置感覚は同じ程度にラバーハンドの方向へと影響されているにもかかわらず、アンケートの回答としては、グループ間で異なる主観評価をしていたのです。

この結果をみる限り、主観的な指標においては被暗示性の高い人が大袈裟に評価している（あるいはもう一方が過小評価している）可能性は、真剣に検討されるべきものといえます。

感覚を表す言葉の壁

この例にかかわらず、「思い込み説」が支持される背景には、同一の感覚内容に対して、言語のうえで誇張して表現しがちな人や、逆に極めて慎重な態度を取る人がいることについて、一定の了解が存在することが挙げられます。要するに、錯覚の感じやすさとは、「感じる」と「感じない」の二者択一に関わる、単なる閾値設定の問題に帰着するという見方が成立するのです。

筆者のように、錯覚の魔力に圧倒されているような者にとって、このような主張を受け入れることは大変に心苦しいのですが、少なくとも言葉でやりとりをするコミュニケーションの現場において、この種の疑念を完全に払拭することなどできません。実際、**ラバーハンド錯覚**を「感じる」人が、「感じない」人と比べて、錯覚にあたって特別な心象風景を有していることを、言葉を使わずにどのように説得できるでしょうか。

以上の問題を検討するにあたって、よく知られている共感覚に注目することが助けになります。共感覚とは、特定の感覚刺激から（入力刺激とは本来無関係の）異なる種類の感覚体験が引き起こされる現象のことをいいます。

例えば、あるタイプの共感覚者は、文字が目に入ることによって、特定の色の感覚を体験します。文字と色の組み合わせにはある程度の一貫性があり、なおかつ、それを自分自身の意思で変更することができません。こうした特性は「不随意（的）」と呼ばれ、共感覚者とそうでない人とを分ける重要なポイントとなります。

ところで、（おそらくはほとんどが共感覚者ではない）読者のみなさんは、数字や文字に色がつくとしたら、何色が最も直感に合うか、というような連想をした経験はありませんか？　筆者の家族の間では、このような話題で盛り上がることがよくあります。

最近の研究では、一般の人であっても、文字と色の対応について、ある程度の共通性――Aは赤、Bは青といった傾向――がみられることがわかっています。特殊な能力ともいえる共感覚ですが、この例は、一般の人でも、色が「見える」に関するリアリティーの閾値を下げることによって、共感覚を持つ人のように振る舞えることを示しています。

こうした観点をふまえてみるならば、**ラバーハンド錯覚**に対する疑念と全く同じタイプの疑念が、文字と色の共感覚者に対しても向けられうることに気づきます。実際このような事情で、共感覚は、かなり昔から知られている認知現象であるにもかかわらず、長らく非科学的なるものの烙印が押され、21世紀に入るまでほとんど学術的な研究対象から排除されてきたのです。

脳を「見る」技術

21世紀に入ってすぐ、ラマチャンドランはある実験を行い、共感覚者が「思い込み」で色を報告しているのではない、決定的な証拠を提示しました。この実験は、横棒と縦棒の組み合わせで表した「2」と「5」の数字が領域一杯にランダムに配列されている画面を見て、「5」によっ

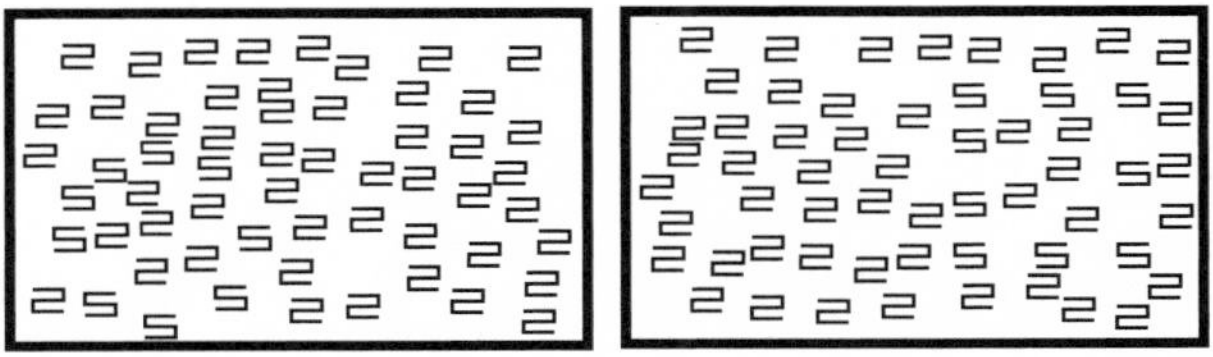

図 4-1a　**文字と色の共感覚者の存在を決定づけた心理実験**
「５」でつくられる形は、三角形？　四角形？（答えは次のページ）

て作られる図形が三角形なのか四角形なのかをなるべく早く答えるというものです。この場合、「2」と「5」はお互い左右反転の関係にあり、形状だけで即座に互いを分離して認識するのは至難の業です。ところが、共感覚者（を自称する人たち）は普通の人よりも圧倒的に高速な反応時間を叩き出しました（図4－1）。

この実験設計は、実験心理学の歴史の中でも、とりわけエレガントなものの一つに数えられるでしょう。共感覚の報告が誇張ではないとする主張は、脳内活動をスキャニングする脳機能イメージング技術の普及によって、さらに支持されるようになります。共感覚者の後頭葉において、一般の人が色を感じるときに選択的に反応するV4という領野が、ただ数字を見るだけで活性化することがつきとめられたのです。

これらの一連の実験によって、共感覚者の有している色に対するリアリティーが、一般の人の「思い込み」とは段違いのレベルにあることについて、科学的なお墨付きが得られたのです。

この例に限らず、脳機能イメージング技術は、証明が困難であった主観的な風景の差異を心理学的研究として扱ううえで、欠かせな

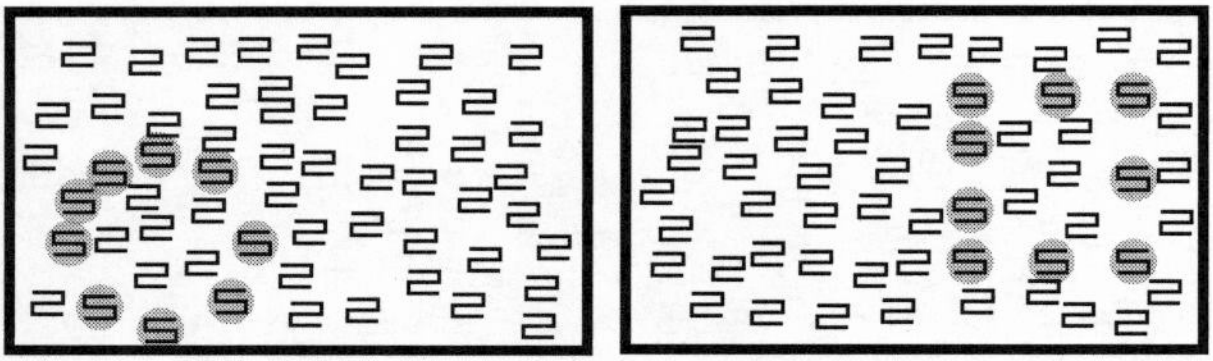

図 4-1b　図4-1aの解答

いものとなっています。21世紀に入って、さまざまな領域で錯覚が科学の対象として認められるようになった背景には、計測装置であるfMRI（磁気共鳴機能画像法：functional magnetic resonance imaging）やPET（陽電子放出断層撮影：Positron Emission Tomography）などの普及が大きく影響していると考えて間違いありません。本人の口述は信用がならんが、脳活動の言うことであれば信用できるということでしょう。その背景には、少なくとも（色や形の認識等の）低次の脳活動は、本人の意思で勝手にONにしたりOFFにしたりできない、という経験的事実があります。

ところで、（共感覚者ではない）一般の人であっても、モノクロのリンゴを見ながら「赤色を想像すること」によってV4の領域はほのかに活性化します。しかし、その活性量は、実際に「赤色が見えている」ときの水準には、はるかに及びません。このような、現実の水準に及ばない知覚体験のことを、普通、わたしたちは「想像」と呼びます。この意味で、共感覚者のリアリティーは、想像を文字通り圧倒しているのです。

脳機能イメージング技術は、錯視の研究においても非常に有効です。例えば、実際には動いていないものに対して主観的に動きを感じる錯視体験をしているとき、視覚の処理を行う後頭葉に存在するMT野という領域の活動が活性化することもわかっています。

さらに、脳機能イメージング技術は、言葉を話せない動物の心的状態を実験対象とすることにも貢献しており、行動計測と組み合わせることによって、サル、ネコ、魚、ショウジョウバエなどさまざまな生物で、人間に生じているのと同様の錯覚効果が生じていることが指摘されています。

4-3 からだの錯覚の脳内マーカー ——身体ではなく「からだ」を認識するとは

活性部位からわかる「からだ」の脳内マップ

共感覚者が文字に色を見ていることは、脳のV4という領域の活動を観察することによって、また一般の人やサルが錯視画像に対して動きを感じていることは、MT野という領域のニューロンを観察することによって、証明されました（少なくとも脳科学的には）。

それでは、ラバーハンド錯覚者のマーカーはどこにあるのでしょう。あるいは、ラバーハンドが自分の手であると想像することと現にラバーハンドが自分の手であると錯覚することとのギャップを説明する脳活動はどこにあるのでしょうか。

関連する研究は多くありますが、ここでは、確実に関連が指摘されているものとして、運動前野（premotor cortex：ＰＭＣ）の背側部（dorsal premotor cortex：ＰＭｄ）と腹側部（ventral premotor cortex：ＰＭｖ）、頭頂間溝《とうちょうかんこう》（Intraparietal sulcus：ＩＰＳ）を取り上げます。これらの領域の活性度は、**ラバーハンド錯覚**の感度と正の相関を示すことが、複数の実験によって報告されています（図４－２）。

運動前野は、運動そのものではなく、運動の準備・実行と強く関わる、いわば運動プログラムの埋め込まれた領野と考えてください。取っ手を摑んでコップを口に運ぶ場面を想像すればわかるように、適切な運動を行うためには、視覚情報（コップの傾き）と触覚情報（持ち手の滑りやすさ）に加えて、身体の位置や運動の感覚をうまく統合する必要があります。

このような事情を反映して、運動前野には、道具などに応じて柔軟に「からだ」を動かすバイモーダルニューロンと呼ばれる特別なニューロン群が存在することがわかっています。バイモーダル（bimodal：２つのモードを持つ）ニューロンという言葉の由来は、単一のニューロンが、「からだ」の近傍における視覚刺激と触覚刺激の双方に反応することにあります。単一の感覚では完結しない「からだ」には、このようなタイプのニューロンの存在は必須であるといえます。

頭頂間溝は、体性感覚野の存在する頭頂葉の外側面を水平または斜めに走る脳のしわであり、

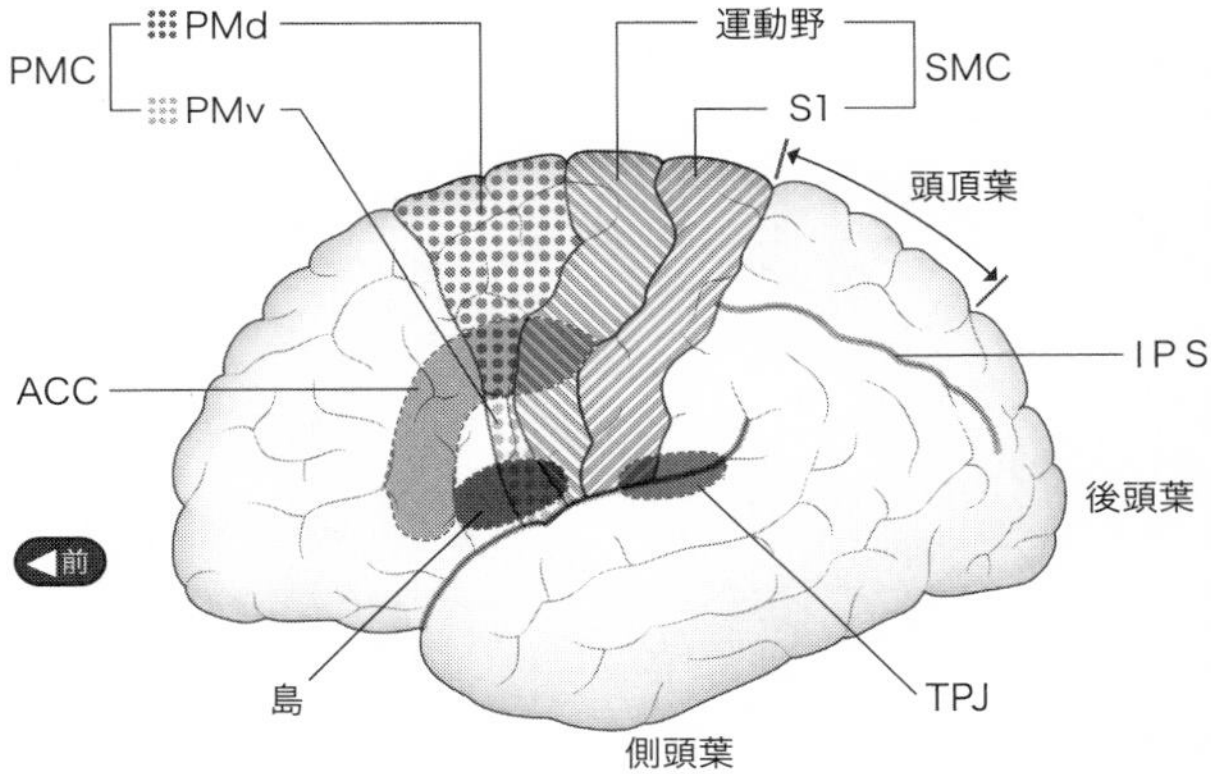

図 4-2　ラバーハンド錯覚に関連する脳の領域

運動前野と同様にバイモーダルニューロンの存在が指摘されています。この領野では、眼球運動やリーチング（目の前のものに触れようとすること）といった、感覚と運動の協調をはじめ、多様な機能が確認されています。解剖学的には、視覚刺激の処理を特化して行う後頭葉に近接しているので、触覚（頭頂葉）と視覚（後頭葉）の2つの機能を接続していると理解できます。

このほか、**ラバーハンド錯覚**との関連が指摘されている領野として、側頭葉と頭頂葉を接合する領域と対応するTPJ（Temporoparietal junction：側頭頭頂接合部）、後頭側頭皮質（occiptotemporal cortex）、島《とう》（Insula）、運動野と体性感覚野（S1）を合わせた感覚運動野（SMC）、前帯状皮《ぜんたいじょうひ》質《しつ》（ACC）、小脳などが挙げられます。

「からだ」に特化した脳の領域はない？

さて、**ラバーハンド錯覚**の試行中に、錯覚者の運動前野や頭頂間溝の活動が高まることは確かであり、従って、これらが錯覚マーカーの一つであるとする主張に間違いはありません。とはいえ、筆者としては、先述の錯視における「色」や「動き」のマーカーと比べていささかスッキリしない気持ちがあります。というのも、運動前野にせよ頭頂間溝にせよ、あるいはその他に関与が指摘されている多数の領野についても、実際には、「からだ」の認識とあまり関係のない高次の認知機能を多々抱えており、明らかに、「からだ」の検出そのものに特化しているようにはみえないからです。

例えば、この種の「からだ」の検出に特化する領域の有望な別の候補として、ＥＢＡ(Extrastriate Body Area) と呼ばれる、身体部位の視覚刺激に対して選択的に反応する視覚野領域が挙げられます。ＥＢＡは、確かに身体の図像を視覚的に体験していることのマーカーとしては機能しますが、その図像が自分のものであれ他人のものであれ反応するため、残念ながら「からだ」のマーカーにはなりえません。

これとは別に、頭頂葉のＳ1と呼ばれる領野の中に、身体の地図が実際のレイアウトとは異なる形でたたみ込まれた「ホムンクルス」と呼ばれる領域があります。この領域に局所的な電気刺激を与えると、地図に対応する身体部位に触覚を感じることからわかるように、ホムンクルスは、皮膚への触覚、および対応する身体部位の検出に特化した神経群であるといえます。

ところが、まさにその機能ゆえに、ホムンクルスは、錯覚マーカーとしてはまるで使い物にはなりません。というのも、**ラバーハンド錯覚**の誘導に失敗する典型例であった、視触覚刺激の非同期条件においても、ホムンクルスが活動してしまうことは明らかだからです。

「からだ」専門の領域を同定することがおおよそうまくいかなくなるのは、「からだ」が複数の感覚からの旋律を調停するオーケストラ認知（第１－４節）の場であること、その特性の反映であると考えられます。実際、「からだ」を扱う領域として話題に出ることの多い脳内部位はほとんど、溝・接合などの２つの領域の交差点であったり、複数の区域（後頭—側頭、感覚—運動）にまたがる領域であったりするのです。

人間の活動を特徴づける概念的な認知は、実のところ、ほとんどが**ラバーハンド錯覚**のマーカーと重なっています。そして、「からだ」がそもそも極めて概念的な表象であることを思い出す時、この重なり自体は至極当然の成り行きとすらいえるのです。

ここで、あらためて「概念」が意味するところを、筆者が「概念の王様」と呼んでいる「数字」を例に考えてみましょう。例えば、手拍子が３回聴こえても（聴覚）、背中を３回触られても（触覚）、あるいは机の上にペンが３本並んでいるのを見ても（視覚）、それらは等しく「３」という概念で表象されます。「３」という表現には、これら個々の具体的描写は一切含まない代わりに、その中にあらゆる無限の時空間描写を埋め込むことができるのです。要するに、概念とは、個別の事象に対して共通の構造を抽出しようとするパターン認識の副産物であり、数字が（あるいは数学が）世界中でこれほどの普遍性を獲得しているのは、まさにこの圧倒的な抽象の力によるものなのです。

このような数字による抽象化の構造が、「からだ」のオーケストラ認知と重なっていることは明らかです。実際、以上の事情を反映するように、数字に対する認知処理は、**ラバーハンド錯覚**のマーカーの一つとして前項で挙げたTPJの下位領域である角回《かくかい》と呼ばれる場所で行われています。角回は、側頭葉（音声処理・言語処理）と後頭葉（視覚処理）と頭頂葉（触覚処理）が交差する地点に位置し、他の霊長類と比較して、人間の脳で大きく発達した場所でもあります。

また、この部分に障害を受けると、共感覚的なメタファー（隠喩）の創造・理解や左右の認識（区別がつきにくい人を左右盲といいます）など、種々の概念的処理に問題が生じることがわかっています。「からだ」の認知もまた、このような人間に固有の概念的な処理を複雑化させていく中で洗練されてきたものであり、したがって、複数の脳内領域のネットワークの効果として、その他さまざまな機能とオーバーラップするようなかたちで生じている、と考えるべきでしょう。

からだの錯覚と視覚の錯覚の違い

以上の考察は**ラバーハンド錯覚**においてなぜ個人差が生じやすいのかという疑問にも一定の示

唆を与えてくれます。ラバーハンド錯覚の実験では、大雑把に言って10～30％の人が錯覚を感じないといわれています。これは、一般的な錯視で報告される個人差よりも断然に多い印象です。

例えば、錯視研究で著名な北岡明佳のウェブサイトでは、北岡自身によって発表された世界的に有名な錯視「蛇の回転錯視」を、講演や研究会などで参加者に呈示した際に得られた、456人にも及ぶ錯覚効果評定の貴重な集計データが公開されています。この錯視は、静止している模様を見つめると回転しているように感じられるもので、集計結果を見ると、20～40代の間で最も低い評定（4段階中）を回答した人は一人もおらず、その他の年代についても、錯覚を感じない人はごく少数しかいませんでした。これは、錯視体験に関わる認知処理が、後頭葉の視覚野の中でおおよそ閉じているためと考えられます。

視覚野における処理の速さや解像度の高さなどが個々によって異なる一方で、低次の処理（エッジ抽出、方向抽出、色検出）から高次な処理（動き検出、形状の同定）へと至るプロセスそのものは、遺伝的にほぼ完全に決まっています。錯覚の王様ともいえる錯視の研究において、個人差の議論が（少なくとも「からだ」の研究と比較すると）それほど活発でない背景には、後頭葉と対応する視覚処理単体の機能空間の中では、個々の多様性を反映させる余地があまり残されていないことが関係しているのです［巻末注4］。

他方で、すでに説明したように、「からだ」の認識の検出には、複数の感覚が統合される場所の神経細胞群が活躍します。このような統合部位での結合のありよう（どの情報に重きを置き、どの情報を無視するか）については、遺伝のみならず、個人と世界との後天的な関わり方を通じて、十分に多様性の余地が残されているように思います。

ちょうど、美意識やパーソナリティーが個々で千差万別であるように、種々の感覚情報を総体としての「からだ」に組み上げる際のオーケストラのレイアウトや演奏の調合パターンは、人によって大きく異なります。逆に言えば、**ラバーハンド錯覚**において個人差があるのは、個々の世界の抽象化のあり方に大きな自由度が残されていることの反映なのです。

第5章 「身体」なのか「モノ」なのか

——自分のような自分じゃないような「きもちわるさ」の由来

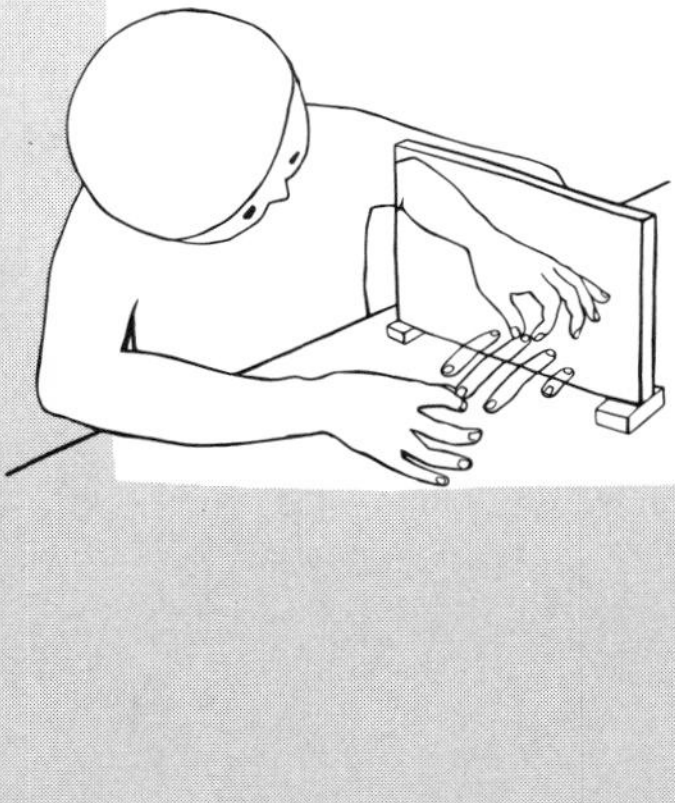

この章に出てくる
動画はこちらから

5-1 錯覚で感じる「きもちわるさ」の正体

筆者が、研究室主催の錯覚の展示をはじめた当初、その記録映像をまとめている中で、特定の錯覚体験に限らず、四方八方から「きもちわるい」という言葉が、かなりの頻度で飛び交っていることに気づきました。

その後、研究室の作品を国際展に出展するようになると、「It feels weird」「so weird」というような、それまであまり馴染みのなかった表現を頻繁に耳にするようになりますが、後になって、この「weird」こそが、錯覚に固有の「きもちわるさ」の体感に近いものであると理解できました。実際、「weird」を辞書で引くと、「変な」「不気味な」「奇妙な」という定義が記されており、これらは総じて、からだの錯覚の「きもちわるさ」の内実をよく表しています。

この種の「きもちわるさ」には、嘔吐等の身体の不調に代表されるような明確な生理作用がみられません。そのため、(同じく「きもちわるい」の典型的状況である)乗り物酔いとは異なる部類の感覚であることは明らかです。それでは、この異なる二つの感覚対象に対して、等しく「きもちわるい」という表現が使われているのは、単なる偶然なのでしょうか。

乗り物酔いの典型例としてまず思い浮かぶのは、乗車している車やバスが急発進や急停車をくり返す状況です。バスが順調に前進している限り、風景などの視覚情報の変化は、自分自身の位置感覚の変化と正しく対応しています。例えば、曲がり角に差し掛かって、運転手のギアを落とす音が聞こえると、徐々に風景の流れが遅くなり、次いで風景が（バスの曲がる方向とは逆方向に）回転していく、という具合です。

実は、こうした「世界における自己位置」を間接的に伝える視覚情報が、実際に網膜を介して視覚野に取り込まれる前段で、これと同等のものが、過去の視覚情報をもとに脳内で予測生成されています。すなわち、網膜を通じて得られた現実の視覚情報は、定常的には「答え合わせ」として脳内で参照されているに過ぎません。

ところが、急停車・急発進といった予測の追いつかない制御が行われることによって、瞬間的に自己位置の答え合わせに失敗すると、そのエラーに対して意識的な注意を向けるように仕向けられます。もちろん、この種の注意は、自己位置のみならず、馴染みの建物の前でパトカーが停車している、知らない店が建っているといった、自己位置とは無関係の予測誤差が検出された場合にも、同様に発生します。

それでも、普通、後者の場合、乗り物酔いに特有の生理的な嫌悪感は生まれません。要するに、乗り物酔いとは、予測誤差に基づいて無意識と意識の切り替えを行うシステムの中で、自己位置に関する「答え合わせ」の失敗に特有の生理現象なのです。

からだの錯覚に付帯する「きもちわるさ」も、大まかなレベルでいうと、乗り物酔いと同様に、脳内の予測と応答のズレの副作用として生じます。結論からいうと、乗り物酔いが自己位置に対する予測の不調であるとすると、からだの錯覚による「きもちわるさ」とは、自己像に対する予測の不調であるということができます。

自己像（自己イメージ）とは、心理学の中でも扱われる歴とした学術用語ではありますが、ここでは、日常語として了解できる程度に、自分を（他人と区別して）特徴づける種々の属性くらいに捉えてもらえれば十分です。この特性は、性別や性格など概念的なものも含みますが、物理的な水準に目を向けると、自分の身体の（手足や顔といった）外観が、自己像にとっての重要なコンポーネントの一つであることは明らかです。

ラバーハンド錯覚において、視触覚の同期刺激が与えられると、脳内の感覚間連合に基づく認知システムは「このラバーハンドは自分の身体である」と予測します。ところが、主に経験的知識に基づく自己意識は、並行して「これは自分の手の外観ではない」ことを強く自覚しています。パターン認識に基づいて奇天烈な予測解を呈示する無意識の処理に対して、現実（常識）が追いついていない状態といえます。これこそが自己像に対する予測の不調の実態です。

これまでみてきたような、脳内予測と現実とのズレ一般に対して「酔い」という概念を拡張的に適用すると、乗り物酔いやVR酔いの気持ち悪さとは「自己位置に対する酔い」であり、**ラバーハンド錯覚**に伴う「きもちわるさ」とは「自己像に対する酔い」であると整理することができるでしょう。

5－2 主体感と所有感のねじれ

「きもちわるい」を感じやすい、蟹の錯覚

とはいえ、「自己像に酔う」という経験は、日常生活ではそうそうお目にかかれるものではありません。そこで、自己像酔いとしての「きもちわるい」を積極的に作り出す錯覚として、２人１組で体験する《蟹の錯覚》を紹介しましょう（図５－１）。

Ａ４からＡ５サイズ程度の白紙を１枚用意してください。できれば厚紙程度の厚みがあればいいですが、ペラペラの紙でも大きな支障はありません。向かい合った２人が、１枚の厚紙を裏側で両手を交差するようにして保持します。この際、それぞれの両手の位置は、イラストが示すように、一方を手前側に、もう一方を奥側に位置するように、かつお互いの手が重ならないように定めるのがポイントです。この状態で、お互いが同時に、自分の左右の手指を蟹の肢のようにわしゃわしゃ、わしゃわしゃさせてみてください（相手がいない場合、とりあえず、一人で後ろで交差するだけでもなんとなく雰囲気はつかめるはずです）。

しばらくやっていると、自分の手と相手の手の区別が曖昧となるような感覚を覚えるのではないでしょうか。わしゃわしゃを始めるより前の段階で、すでにそのような感覚に陥る人もいるは

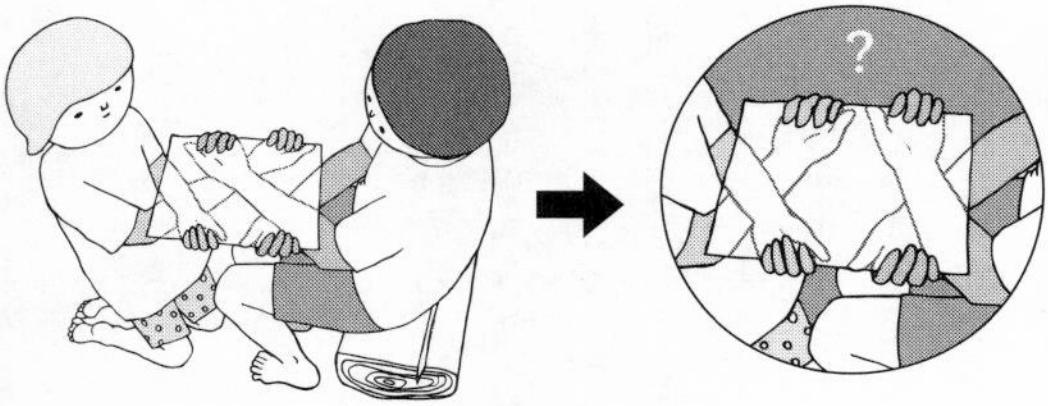

図 5-1　蟹の錯覚（蟹なしオリジナルバージョン）

A４からA５サイズ程度の白紙（厚紙がベター）を使って、前後左右が互いに入れ違いとなるように、相対する２人の交差した両手を紙の裏側から折り返す。この状態でお互いの手を「わしゃわしゃ」やると……？

ずです。手のサイズや皮膚の色の違いが気になって違和感を抱くに至らない人は、意図的に視界をぼかして、夢の中にいるような漠然とした意識モードにシフトしてみることをおすすめします。目の前の４本の手がまるで等価であるような「鈍さ」にあえて浸ることで、《蟹の錯覚》に特徴的な、異質的な体感に近づくことができるはずです。

自分の手なのに勝手に動く

この錯覚は、もともとは、錯覚の研究をはじめた当初に筆者が考えた遊びで（類するものが過去にあったのかはわかりません）、その当時、何か特定の名前がついていたわけではありません。《蟹の錯覚》という名称は、研究室の佐藤優太郎が、卒業制作において、彼自身の蟹のイラストを厚紙に書き加えることで、この遊びをより奇妙な体験へと発展させたことに由来します（図５-２）。その後、同研究室の石原由貴の協力を得て、対戦形式のゲームへと展開していきました。その一部は、現在、蟹の本場である、

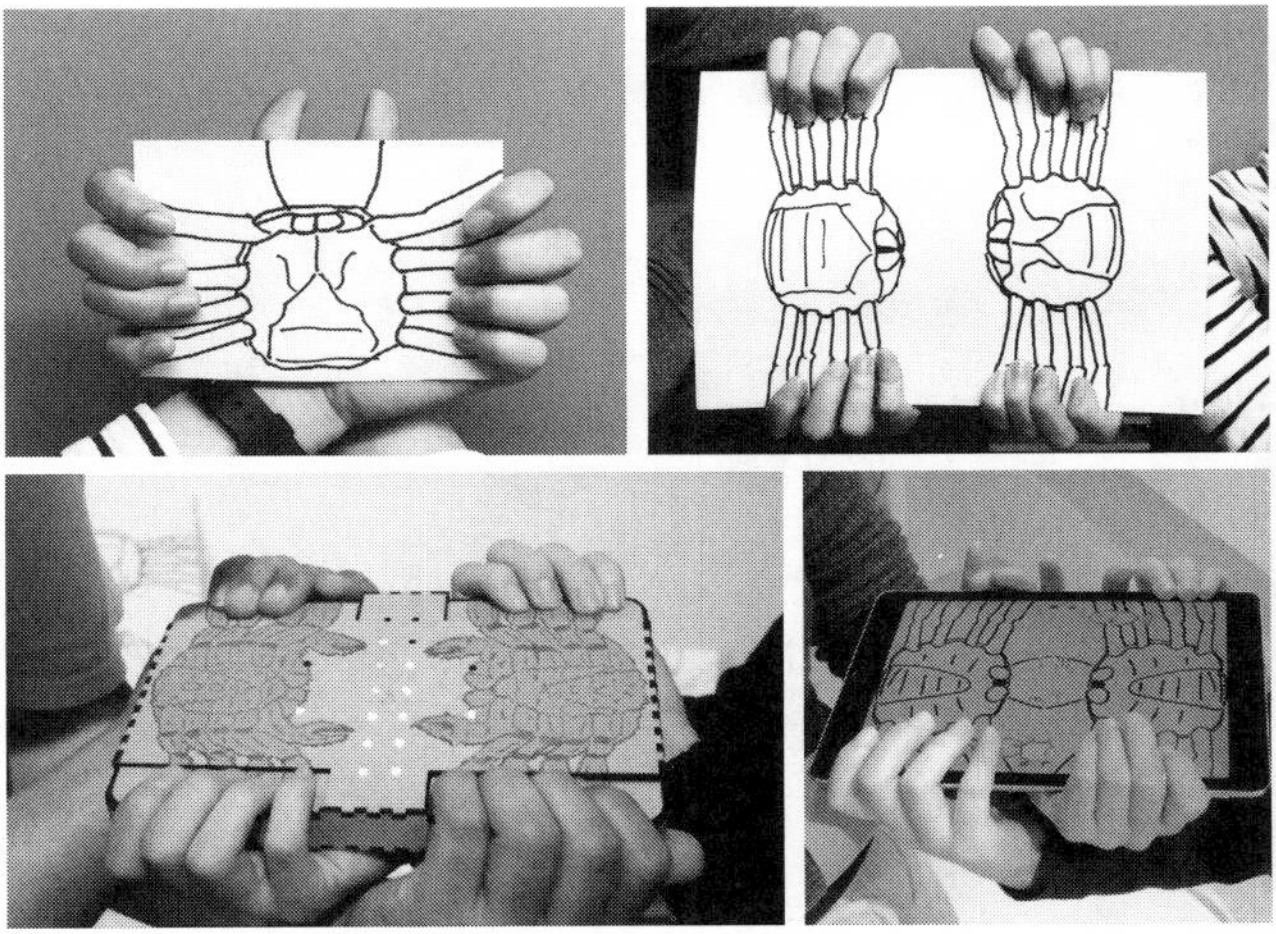

図 5-2 蟹の錯覚のバリエーション

旭川市科学館で展示されています。

さて、《蟹の錯覚》において描画されている2体の蟹の並びは、体験者がどのようなレイアウトで自己像の混乱をしているのかと深く関係しています。というのも、多くの体験者は、自分の両手が、同一の蟹の左右の肢に対応して、横一線に並んでいると勘違いしてしまうからです。蟹が明示的に描かれていることで、体験者は、より一層このような混同に陥りやすくなります。

このように錯覚している状態では、左右いずれかの手について、実際には相手の手であるにもかかわらず自分の手と勘違いしていることになります。その結果、多くの体験者は「自分の手が自分の意図に反して勝手に動いてしまう」というような、視覚と運動感覚の齟齬を経験することになります。そうした状況では、所有感のある自己像としての身体を、しかし主体的には動かせていないという、自己性に関する「ねじれ」が生じています。これは、先の「自己像の酔い」の発生条件と重なっていることがおわかりでしょうか。実際、《蟹の錯覚》は、体験中に「きもちわるい」という言葉が頻繁に漏れ聞こえてくる代表的な即錯の一つです。

「自分の身体であるにもかかわらず、自分の思い通りに動いてくれない」状況として、本書ではすでに、「腕の圧迫」と「エイリアンハンド・シンドローム」の事例を取り上げています。ところで、特殊な症例である後者が稀な事態であることはいうまでもありませんが、こうした事例でよく引き合いに出される「腕の圧迫」であってもそうそう日常的にお目にかかれるものではありません。実際、このタイプの「ねじれ」を、私たちが意図して作り出すことは至難の業です。私たちの日常は、自分の身体が思い通りに動くという鋼の囲いの中に、深刻なまでに閉じ込められているのです。筆者は、《蟹の錯覚》が、そうした鋼の囲いを溶解させるための一つの呪術のようなものと考えています。

さて、ここで問題とされている、自身の運動感覚を起点として対象を意図通りに制御できているときの感覚のことを、学術の用語では、特に「自己主体感」あるいは「自己帰属感」(sense of agency)と呼びます(以下、単に主体感と呼びます)。主体感とは、つまるところ、視覚や聴覚によって把握できる外在的なイベントが、自己の意図を基点にしている、という感覚にほかなりません。したがって、主体感は、形式的には、運動と(典型的には視覚などの)外在的な感覚とのマッチングによって担保されることになります。

ところで、日常的には経験することが極めて少ない「主体感なき所有感」に対して、これとは逆のねじれである「所有感なき主体感」は、「これを体験しない日などない」というほどに、私たち人間にとって極めてありふれた事象です。というのも、このねじれは、道具の利用において生じている自己の投射にほかならないからです。

2つのねじれの間で、日常的な活躍の場にこれほどまでに大きな違いがあるのは、一体どうしてなのでしょうか。主体感と所有感との間に存在する鮮明なコントラストを正しく理解することは、この問いに対する大きなヒントを与えてくれます。次節で詳しくみていきましょう。

5-3 節操のない自己と融通のきかない自己

主体感と所有感の特性

しかるべき手続きによって所有感が身体外のモノへと投射されたように、主体感が投射される対象は自分の身体に限定されません。実際、第3章で説明した《ムービング・ラバーハンド錯覚》とは、自分の身体から切り離されたラバーハンドに、所有感だけでなく主体感を同時に投射する錯覚であったと、今となっては理解できるはずです。《ムービング・ラバーハンド錯覚》では、自分の指とラバーハンドを紐で結んだり、下から手の影を投影するなどして、自分の手とラバーハンドの動きを連動させていたことを思い出してください。

このように、各人の主体感は、視聴覚などの外在的な事象を、各自の内在的な運動感覚と時間的に同期させることによって、外的な対象へと投射されます。感覚間同期という側面だけをみれば、主体感と所有感との間で何か本質的な違いがあるようにはみえません。ところが、主体感の投射距離は、（所有感のマージンである）身体近傍空間という狭い領域に限定されません。外在的感覚が捕捉可能（見える・聴こえる）である限りにおいて、際限なく距離を伸ばすことができます。

例えば、《ムービング・ラバーハンド錯覚》において、手と動きが同期しているラバーハンドを徐々に遠ざけていくと、ある時点（20〜30㎝付近）で所有感は消失していきますが、主体感は変わらずラバーハンドに宿り続けます。この距離は、同期状態が確認できる限り、どこまでも伸ばすことができます。実際、高枝切り鋏を操る庭師は自分の身長よりもはるかに高い位置にあるハサミの切断面へ、また導火線に着火して花火を打ち上げようとする花火職人は、鮮やかな花火の描かれるはるか上空へと、自らの主体感を投射しています。主体感の投射距離のスケールが、所有感の投射で許容されていたものとはまるで異なることがわかるでしょう。

より身近な例を挙げましょう。ペンやハサミなどの道具を使って、手元で何らかのオペレーシヨンをしている場合も、身体を通して主体感が道具へと拡張的に投射されています。この場合、ペンやハサミの先端は、手の近傍に存在していますが、いかにそれらの道具を自分の分身のように使いこなしている人であっても、道具を自分の身体そのものであると勘違いする人はまずいません。実際、ペンで紙に何かを書いているとき、主体感はペン先に鋭く投射される一方で、所有感はあくまでも自分の手の領域の中に引きこもったままなのです。

ラバーハンド錯覚の要件を思い出してもらえれば明らかなように、ペンはそもそも手の形をしていないため、所有感を投射する対象にはなりえません。仮に指や手の形をしたペンを使用したとして、そのペンに所有感を投射するためには、自分の指を使用者の視界から隠したうえで、ペン先と指先の間に、何らかの同期的な刺激を付与する必要があります。そんな面倒なことをしてまで、ペンに所有感を投射したいとは誰も思わないでしょう。

このように、所有感の投射も主体感の投射も、複数感覚間の時間的な同期を要件として生じる点については同類ですが、所有感にのみ、はるかに厳しい空間的な要件が課されていることがわかります。主体感は、時間的な同期さえ満足していれば、対象や距離を選ばずにほいほいとどんなものにでも結びつく一方で、所有感は物理的な身体の中に閉じこもって、よほどのことがない限り身体以外のものと結びつくことがありません。

逆にいうと、所有感に作用するような厳しい条件であれば、ほぼ例外なく、主体感にも問題なく作用します。「所有感なき主体感」が日常的に量産されているのとは対照的に、「主体感なき所有感」に日常生活でめったにお目にかかれないのは、このような特性の違いを鑑みれば当然の成り行きです。こうした事情をふまえて、筆者は、主体感と所有感のそれぞれを、節操のない自己と融通のきかない自己と呼んでいます。からだの錯覚とは、そのような本来的に融通のきかない自己を、外側へと引っ張り出してくるための手続きであったのです。

5-4 身体の中の「モノ」!?

ボディジェクトの指のきもちわるさ

第5-2節では、《蟹の錯覚》で起こっていたことが、自分の身体と思っていたものが自分の思い通りに動いていない「主体感なき所有感」の状況に対応することを解説しました。このねじれは、言うなれば、身体から所有感が剝がれていく事態と捉えることができます。

第1章の冒頭で、痒みの場所が同定できずに所有感が剝がれていく足に対して、「置物」のような鈍さを覚えたという、筆者自身の経験に触れました。この例に限らず、からだの錯覚の「きもちわるさ」の一つの側面として、自分の体であると思っていた対象が「モノ」と「からだ」とに（いずれにも完全な収束を果たすことなく）引き裂かれる心的事態を指摘することができま

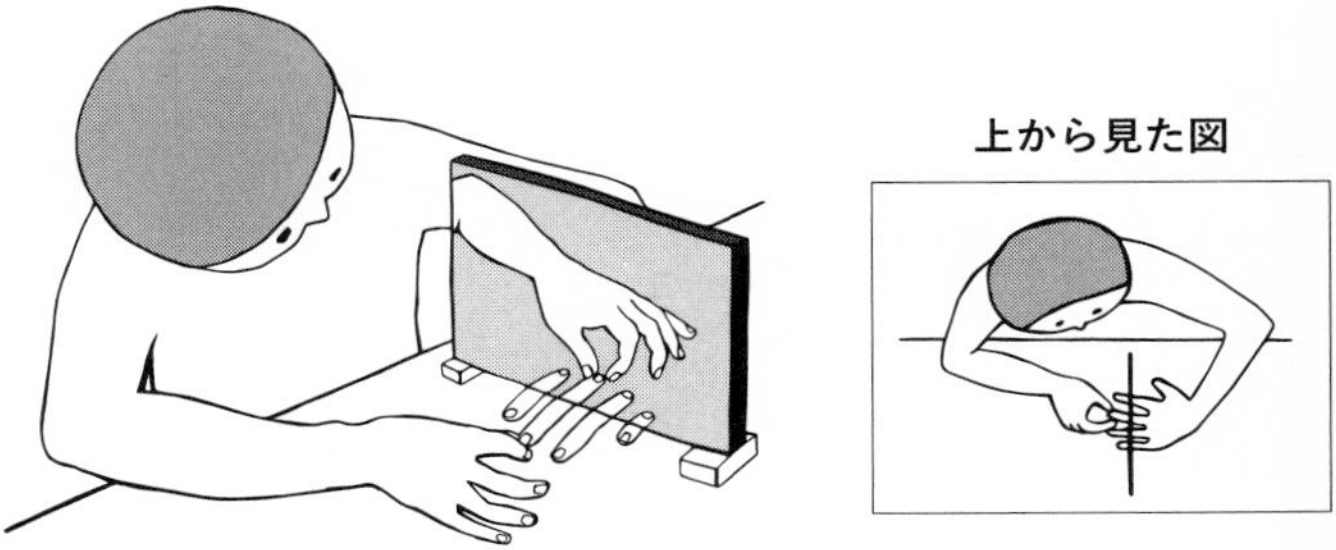

図 5-3　ボディジェクトの指

す。

筆者の研究室は、《蟹の錯覚》に代表されるような、身体から所有感が剝がれてモノの界面が露出してくる主観的様態を指す概念として、身体（body）とモノ（object）を組み合わせたボディジェクト（Bodiject）という造語を提案しています。

以下では、自分自身の指に対してボディジェクトの体感を得ることのできる別の即錯である《ボディジェクトの指》を紹介していきましょう。この錯覚は、錯覚映像の世界的祭典である「Best Illusion of the Year Contest」に小鷹研究室としてははじめて入賞したものであるとともに、受賞後、国内外のメディアで取り上げられたこともあり、筆者にとっても思い出深い錯覚です。とはいえ、この即錯は、錯覚というよりも、むしろ「遊び」といった方がしっくりくるかもしれません。

図５-３に従って《ボディジェクトの指》の遊び方を説明しましょう。何といっても用意するものは鏡だけな

のですが、鏡を机の上に縦向きに配置する前に、――おそらくここが少しだけ難関になるのですが――簡単な工作をするか、あるいは、誰か他の人に持ち上げてもらうなどして、鏡と机面の間に一定の隙間をつくっておいてください。

この状態で、（右利きの場合）左手の親指を除いた4本の指を、鏡の奥側から隙間に通して、手前側にスライドさせます。すると、隙間からのぞく指が鏡の縁で折り返され、4つの大きさの異なるソーセージのような物体が並ぶような見た目となるはずです。このソーセージの指の手前半分を、鏡像を見ながら、もう一方の手で思いのままに触ったり、上下に動かしてみてください。どのような感じがしますか？

コンテストで入賞した映像を見てもらえればわかるように、《ボディジェクトの指》は、非常に単純な手続きでありながら、小鷹研究室の発表した数ある錯覚体験の中で、「きもちわるい」という声が最もストレートなかたちで漏れてくる錯覚です。

ボディジェクトの視覚的な効果――「奇形」と「分離」

《ボディジェクトの指》の視覚的な効果を説明するために、「奇形」と「分離」について取り上げます。

一般に、奇形とは、現実の身体からの連続性が意識される程度に、部分的に変形しているような形態を指すことが多いように思います。あまりに原型とかけ離れていたり、（影絵の遊びのように）他に存在する特定の生物の外観に寄せようとするような変形では、自分の身体としてのリアリティーが失効してしまうため、「きもちわるい」の体感から遠ざかってしまいます。いずれにせよ、皮膚のマテリアルを保持した変形の場合、現実との強い連続性のために「きもちわるい」の感情が喚起される傾向があることは間違いありません。ここには「リアルなものにはリアリティーがある」というシンプルな原則が関与しています。

なるほど、《ボディジェクトの指》は、生身の身体を素材とした変形という点では、リアル指向であるようにみえます。ところが、形状に注目すると、原型からの連続性はむしろ決定的に壊れているというべきです。というのも、「身体が複数に分離する」というようなタイプの変形を物理的な身体で構成することは、（人間に限らず）生物一般の原則に反しているからです。この事情は、主観世界でも大きく変わりません。複数の身体を内に抱えるということは、「自分」という空間に、主体的に関われない異物を招き入れることにほかならないのです。

5-5 所有感が部分的に奪われる錯覚

ナムネスという触覚の違和感

《ボディジェクトの指》における効果は、実際に指に触れることによって、さらに独特な体感へと展開していきます。筆者がはじめて《ボディジェクトの指》を体験した時のことですが（つまり、これは自分自身で、この現象を発見した時でもあります）、自分のソーセージ化した指を触っている間、触られている指に対して明確に「痛み」を覚えました。このような痛みを覚えたのは、この初回の時のみで、それ以降は「痛み」ではなく、凍傷で感覚を失った手を触っている時のような、鈍い痺れのようなものに転化していきました。

この錯覚装置を体験してみた読者のみなさんは、自分の指を触った際に、普通に自分の体を触るのとは微妙に異なる（言葉では表現し難い）妙な感覚を覚えたのではないでしょうか。この種の、身体から生気が失われているような状態を表すのに、学術の世界では、英語で麻痺を意味する「ナムネス」（numbness）という言葉が使われています。ナムネスは、所有感が部分的に奪われている自分の身体を触っている際に得られる特徴的な感覚であり、身体がボディジェクトの様態を示す、触覚レベルでの特徴的な兆候であると理解することができます。

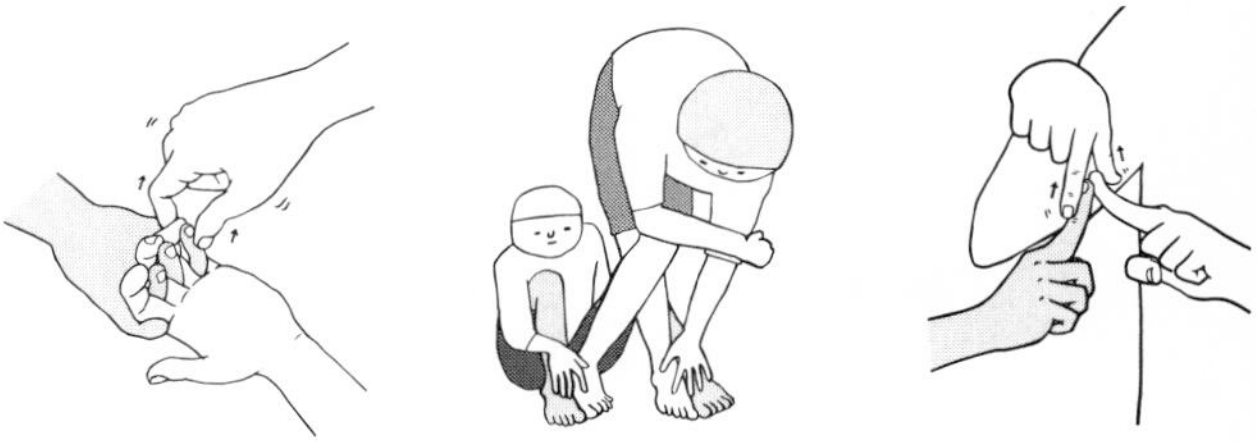

図 5 - 4　**ナムネスを体験する３つの方法**
左から「芋虫の錯覚」「不感症な足錯覚」「キャンドルフィンガー錯覚」

このナムネスを体感できる錯覚として、《ボディジェクトの指》とは別の３つの方法を紹介します。これらは、いずれも２人１組で行う錯覚となりますが、鏡などの道具はいっさい必要ありません。

まず、佐藤優太郎の発見した《芋虫の錯覚》は、図５－４左のように、２人で片手ずつを出し合い、人差し指から小指の４本の指を、空間的に対応する指の腹と腹が合うようにお互いにジョイントさせます。この状態で、もう一方の手の、人差し指と親指を使って、対になった指の山を、根元から先端へとつまむようになぞってみてください。自分の指にせよ相手の指にせよ、触覚の感じが、いつもの普通に自分の指を触っているときよりも鋭敏さを失っているはずです。これこそがナムネスの感覚です。

図５－４中は《不感症な足錯覚》の誘導方法を示すイラストです。参加する２人が素足となり、図のような前後に並ぶレイアウトで、両足を交差させてみてください。お互いに自分の目の前の左右の足のペアを同時に触ると、少なからずいつもと異

なる感覚が得られますが、前方の足を交差している人の側で、とりわけ強いナムネスが感じられるはずです。

《芋虫の錯覚》の研究をすすめているときに、より単純にナムネスの感覚を誘導できる錯覚がすでに報告されていることを知りました。《キャンドルフィンガー錯覚》と呼ばれることもあるこの即錯は、図5－4右のように、お互いの人差し指を寄りかからせて、逆V字の形状をつくり、双方の指を、もう一方の手の親指と人差し指で下から上へとなぞることによって得られます。2009年に発表されたディエゲス（Dieguez）らによる論文の中で、このレイアウトによる感覚の変調は、そのものずばり「ナムネス錯覚」として言及されています。

以上を踏まえると、ナムネスの感覚は、自他の指を（どのようなレイアウトであれ）同時に触れることによって、得られることがわかります。小鷹研究室は、これらの構造の錯覚を、身体変形を選択的に誘発する錯覚として、**ダブルタッチ錯覚**と命名していることは第3章で紹介した通りです。これらの事実は、ナムネスと身体変形錯覚との間に、何らかののっぴきならぬ関係があることを示唆しています（巻末注5）。

ナムネスと所有感

ここで、ナムネスと所有感変調の関係を示唆する、エイメリッヒ＝フランシュ（Aymerich-Franch）らによる興味深い研究を紹介します。2016年に報告された彼らの実験では、まず

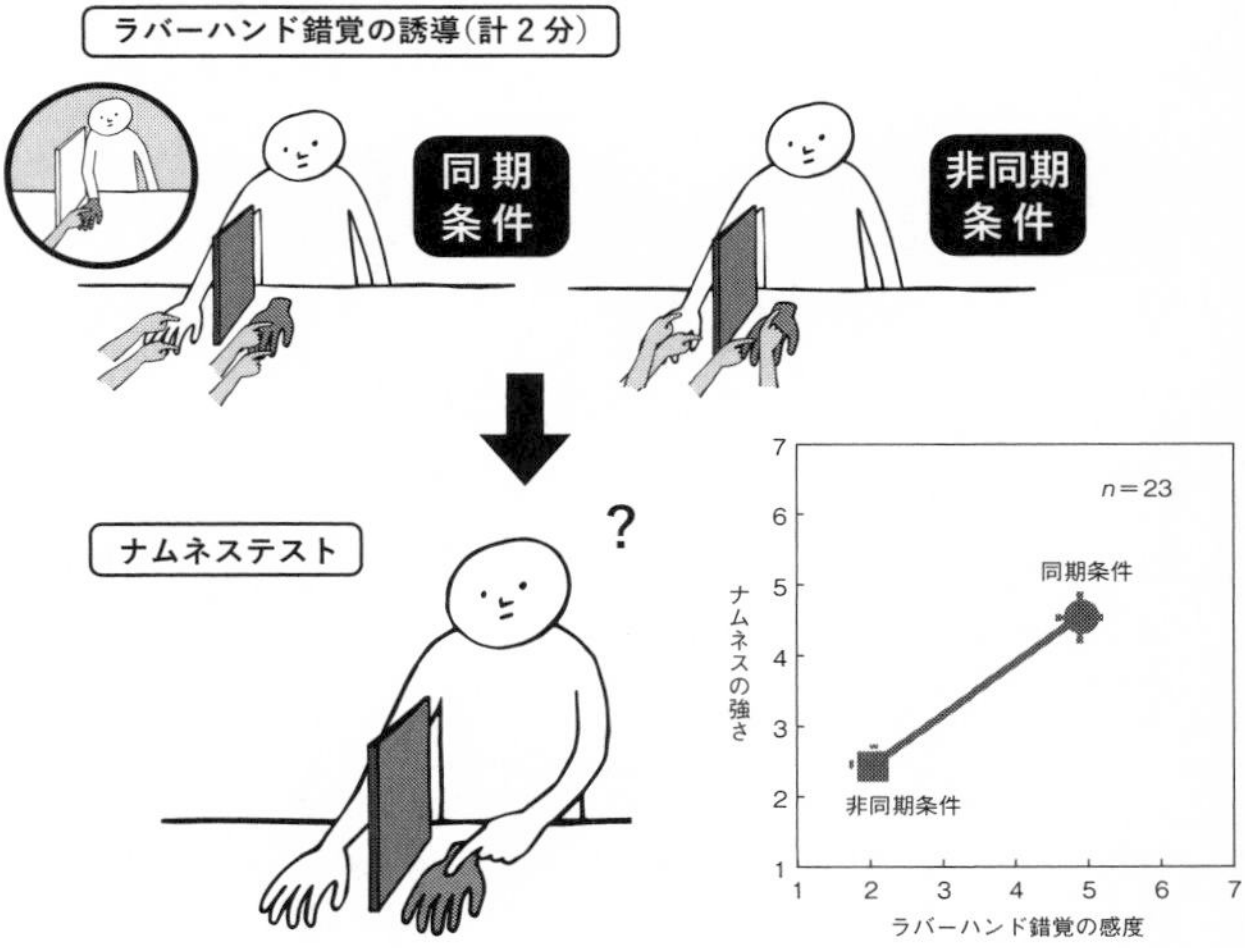

図 5-5　**ラバーハンド錯覚の感度とナムネスの強さ**

ラバーハンドに対する所有感が強いほど、ラバーハンドに触れた際に感じられるナムネスが強くなる。Aymerich-Franch, L., Petit, D., Kheddar, A., & Ganesh, G. (2016). Forward modelling the rubber hand: Illusion of ownership modifies motor-sensory predictions by the brain. Royal Society Open Science, 3（8）.

所有感テストとして、通常の**ラバーハンド錯覚**の誘導を90秒間行います。この際、一方の条件では視触覚刺激を同時に行い（同期条件）、もう一方の条件では非同期に行います（非同期条件）。

直後に行われるアンケートでは、非同期条件よりも同期条件で強い錯覚が生じていることが確認されます（ここまでは普通の結果ですね）。このアンケートの後で、被験者には、さらに30秒間、アンケート前と同様の（同期または非同期の）刺激が与えられ、その後でナムネステストと呼ばれる新たなテストを行います。

これは、実験参加者の手には触覚刺激を一切与えずに、ラバーハンドのみに触覚刺激を与えるというものです。このナムネステストにも2つの条件があり、一方では、実験者が参加者の手首を誘導してラバーハンドの手を擦り（受動接触条件）、もう一方では、参加者自身が自分自身の手を擦ります（能動接触条件）。この後、ラバーハンドに対して感じていたナムネスの強さを報告してもらい、実験は完了します。

この実験では、非同期条件よりも同期条件で、そして受動接触よりも能動接触でより強いナムネスが観測されました（図5-5：能動条件の結果のみを描画していることに注意）。この結果は、所有感の無いところにはナムネスも存在しえないことを示しています。

なるほど、ただの人形だとしか感じられないラバーハンドの表面を自分の手で触ってみたところで、麻痺感のような感覚が生じるはずがありません。麻痺の感覚は、少なくとも、特定の対象に対して、それが自分の身体であるという信念がわずかにでも存在しなければ、生まれようがないのです。

要約すると、ナムネスとは、自分の手である（と信じている）にもかかわらず、予期されたような十分な強さの触覚が得られていない状況の産物だといえるでしょう。本書で拡張的に使用する「酔い」という言葉を借りるならば、ナムネスとは、いわば「触酔」とでもいうべき事態と対応しているのです。

5-6 外傷のない痛み

ナムネスが、ラバーハンドに対する所有感の程度と相関して生じているように、《ボディジェクトの指》における違和感も、鏡像によって奇形化した図像を、心理的に自己のものであると受容しようとすることによって引き起こされています。ところで、筆者が《ボディジェクトの指》に対して、最初に明確な「痛み」を感じた後で、凍傷のようなマイルドな感覚へと転じていったように、ナムネスと「痛み」との間には、何らかの連続的な関係が示唆されます。

ここで取り上げている痛みとは、具体的な皮膚上の損傷（外傷）が存在しないにもかかわらず生じる痛みのことであることに注意してください。実際、少なくとも筆者の経験では、《ボディジェクトの指》の体験中に、ただ左右対称で折り返された指を眺めているだけで、ナムネスや痛みの予兆のようなものが感じられることがあります。果たして、なんら外傷もなく、しかも皮膚に触れる（触れられる）こともなく感じられるような痛みというのが、実際に存在しえるのでしょうか。

内と外の身体のズレが不思議な痛みをひきおこす

例によって、現実世界の事例をヒントに考えてみましょう。ＣＲＰＳ（複合性局所疼痛症候群）と呼ばれる、痛みに関わる病態が知られています。ＣＲＰＳとは、外傷が癒えたにもかかわらず、引き続き痛みが残っていたり、あるいは外傷などのきっかけもなく、痛みが当該部位に独立して生じているような病態を指しています。この場合の痛みは、感電（ビリビリ）や火傷といった表現で形容されることが多く、痛みを末梢から中枢へと伝える途上における神経系の不調が原因とされていますが、これらの認知過程は極めて複合的な工程を辿ることもあり、その多くは原因不明とされています。

近年の研究では、ＣＲＰＳの患者の主観的様態の中で、病変のある身体部位に対して「身体像の歪み」を抱えていることが注目されています。実際、ある文献では、ＣＲＰＳの患者のうち54・４％から84％というかなりの割合の者が、何らかの身体像の歪みを訴えているとされています。具体的には、「手が実際よりも大きい」「手の一部が収縮している」といったサイズ感や形状感の変化、位置感覚精度の減退といった特徴がみられるようです。

これと対応するように、身体部位の空間情報が畳み込まれた頭頂葉のＳ１およびその補完領域であるＳ２において領野の縮小化が認められており、身体像に関する皮質領域の再構成が行われていることが示唆されています。さらに、この種の像の歪みの多くは、「この身体は自分のものではない」というような所有感の減退を伴うことが報告されています。この非自己感がさらにすすむと、問題の部位に対して敵意を向けるようになり、ついには切断欲求を持つ者さえいるということです。また、ＣＲＰＳの患者には、敵意のあるものに対して無関心を装うかのように、病変部位が自らの目に入ることを快く思わない傾向が指摘されています。

さて、ＣＲＰＳにおける病変部位の形状は、多くの場合、実際に歪んでいるわけではありません。それにもかかわらず、ここで報告された嫌悪感が生まれているのはなぜでしょうか。《ボディジェクトの指》では、鏡像を含む奇形化した指を見たり触ったりすることで、ナムネスが生じていました。これは、神経系に書き込まれている（主に体性感覚に基づく）正しい「内なる身体」の領域に、鏡によって歪んだ外在的な身体像が食い込み、互いに互いが干渉している状態といえます。

反対に、ＣＲＰＳの場合は、視覚を通して正しい身体像を得ることによって、神経系の中で内的に形成されている身体像の歪みが露呈します。ＣＲＰＳの場合、自分の身体を見ることは、自らの内なる問題と直面させられることでもあるのです。この問題との対面は、文字通り「痛み」を伴う一方で、長期的には問題の解消へと作用するはずです。ところが、ＣＲＰＳの患者が、この種の問題と、文字通り面と向かい合うことを避ける傾向にあるのはすでに述べた通りです（この傾向は、痛みの慢性化に寄与しているといえるでしょう）。

いずれにせよ、《ボディジェクトの指》において、奇形の身体を見たり触ったりすることと、CRPSの患者が、病変の、しかし形状的には何の変哲もない身体部位を触ることは、身体像の内外におけるズレを露呈させる、という意味では同等の効果があるのです。

すでに述べたように、筆者は《ボディジェクトの指》をはじめて体験したときに、特定の指に明確に「痛み」を感じました。このとき、実は、痛みに加えて「鏡を引き抜いても指がそのままになってしまったらどうしよう」という強い恐怖にも襲われていましたが、この恐怖は、指を装置から引き抜くことによって解放されました。視覚によって得られる身体の図像を正すことによって、内在的な身体と外在的な身体のミスマッチを解消したのです。

筆者の中で明確に痛みが生じたのがこの初回のみであったことを考えると、痛みは、身体変形に関わる不可逆性に対する「このまま放置しておくともとに戻らないぞ！」とでもいうような警告と深く関係しているのかもしれません。筆者は、この不可逆性の〈予感〉こそが、からだの錯覚の「きもちわるさ」を基礎づけている、と考えています（この問題については、本書の最後であらためて検討します）。

CRPSの場合であっても、内と外の身体のミスマッチを解けば痛みが消失すると考えられますが、話はそう簡単にはすすみません。というのも、CRPSにおいて歪んでいるのは、長期的な学習を経て神経ネットワークの中に書き込まれている「内なる身体」のイメージの方であるためです。残念ながら、物理空間で鏡を外すように、歪みを直ちに正すことはできません。であるならば、「内なる身体」の歪みを生かしたままで、内と外との身体のミスマッチを解消する方法を考える必要があります。果たして、そのようなことは可能でしょうか。

錯覚による痛みの軽減

手立てが全くないわけではありません。実際、「内なる身体」を正すことができないのであれば、逆の発想をとるほかありません。外在的な身体の方を「内なる身体」に合わせるように歪ませてやればよいのです。

プレストン（Preston）らの研究グループは、指が引っ張られるのと同時に、ディスプレイ上で指が伸び縮みするCGを見せる、MIRAGE（ミラージュ）と呼ばれる錯覚装置を作りました。第3章で紹介した《エラスティックアームイリュージョン》の指バージョンであると考えてもらえればいいでしょう。この装置は、およそ90％程度の人が変形感を抱くことを報告しており、錯覚として十分に強い強度を持っていることが確認されています。

さて、彼らが、展示会の場で子供を対象にミラージュの体験展示を行っていたときに、興味深いことが起こりました。孫のつきそいで来ていた高齢の女性が、ミラージュを体験してみたところ、長年抱えていた関節炎による指の痛みが軽減したというのです。

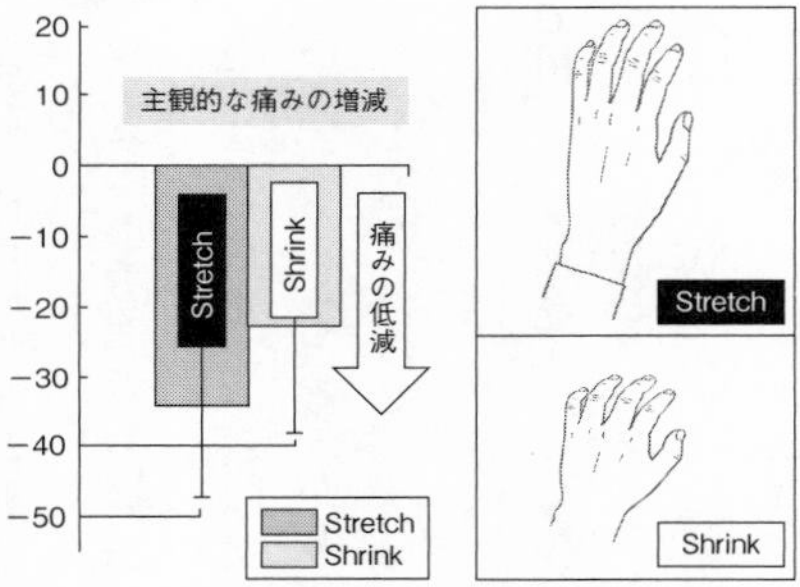

図 5-6　手の変形錯覚による患部の痛みの増減

関節症（osteoarthritis）の患者20人を対象とする実験の結果。Preston, C., & Newport, R.（2011). Analgesic effects of multisensory illusions in osteoarthritis. Rheumatology（Oxford, England), 50（12),

この効果は、同じ研究グループによって直ちに追試が行われ、その結果、左右いずれかの手に対して関節炎の症状のある患者に対して、ミラージュ装置を用いて手の甲全体が伸縮する錯覚を誘導したところ、炎症のある手に限って、伸縮の方向にかかわらずに痛みが軽減することが確認されました（図5-6）。痛みの緩和が感じられるのは、錯覚を体験しているまさにその間に限られるため、直ちに医療の現場に導入できる段階にはありませんが、今後の医療において非常に示唆的な知見であることは間違いありません。

CRPSは第1章でも紹介した幻肢痛と非常によく似ています。幻肢痛は、多くの場合、手足の一部を一定期間ギプスなどで固定した後に、手術などで切断することによって引き起こされます。切断される以前の段階で、手足が固定されている期間、運動指令にかかわらず実際の手足が物理的に動くことはありません。これによって、何ものにも動じずに静観する身体が積極的に学習されていくのです（ラマチャンドランは、これを「学習された麻痺」と呼んでいます）。

この過程で、「学習された麻痺」の部位に対応する神経群に出入りする水脈はどんどん痩せこけていき、ちょっとやそっとの刺激では（実際の運動どころか）運動イメージさえもつくることができなくなります。CRPSの患者も、おそらくは似たような事情で、変形したまま硬化してしまった「内なる身体」を抱えています。そして、ミラージュによる「歪んだ身体」の視覚化は、この硬直化してしまった「内なる身体」の芯へと働きかけ、枯れかけている水脈を再び息づかせるかのように、神経系を再活性させるための有望なアプローチであると考えられるのです。

よく知られているように、幻肢痛は、切断していないもう一方の手の鏡像の動きと、麻痺した幽霊の手を重ねるリハビリを長期的にくり返すことによって解消されることがあります。ミラーセラピーと呼ばれるこの手法と同様、CRPSにおいても、何らかの身体変形像を長期的に可視化することによって、内なる「歪んだ身体」が正しく矯正される見込みは十分にあります。

5-7 スライムハンドの衝撃

衝撃的な身体変形の感度

本章の最後で、2021年の「Best Illusion of the Year Contest」において入賞した**スライムハンド錯覚**を取り上げます。この錯覚は、当時、研究室の院生であった佐藤優太郎と今井健人の2人が、別の心理実験の準備中に偶然に発見した現象をヒントとして考案されたものです。事前に、関連映像をご覧いただくと、よりスムーズに理解できると思います（第5章扉）。

スライムハンド錯覚は、一般的な**ラバーハンド錯覚**と同様に、机に向かい合って座る（実験者と体験者の）2人1組で体験することができます。体験者の前に置かれた鏡の手前側にスライムを、鏡の奥側に体験者の一方の手を添え、体験者は鏡に映るスライムを、ちょうど自分の奥側の手と重なるようにして直視します。この状態で、対面する実験者が、スライムと体験者の手の甲を同時に摘んだり引っ張ったりすると、体験者自身の手の素材感がまるでスライムのような伸縮性のある質感に劇的に変化します。**スライムハンド錯覚**は、なんといっても、筆者の経験した錯覚の中で最大級に衝撃的な体感を与えるものです。スライムと鏡さえあれば、子ども同士でもすぐに体験できる即錯ですので、ぜひ一度試してみることをおすすめします。

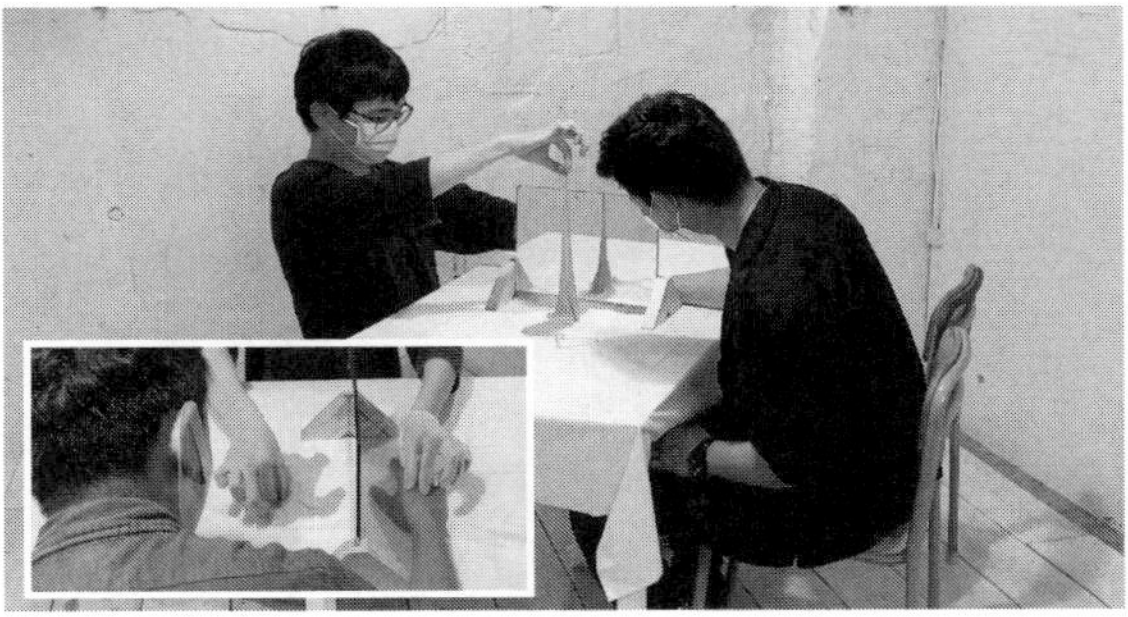

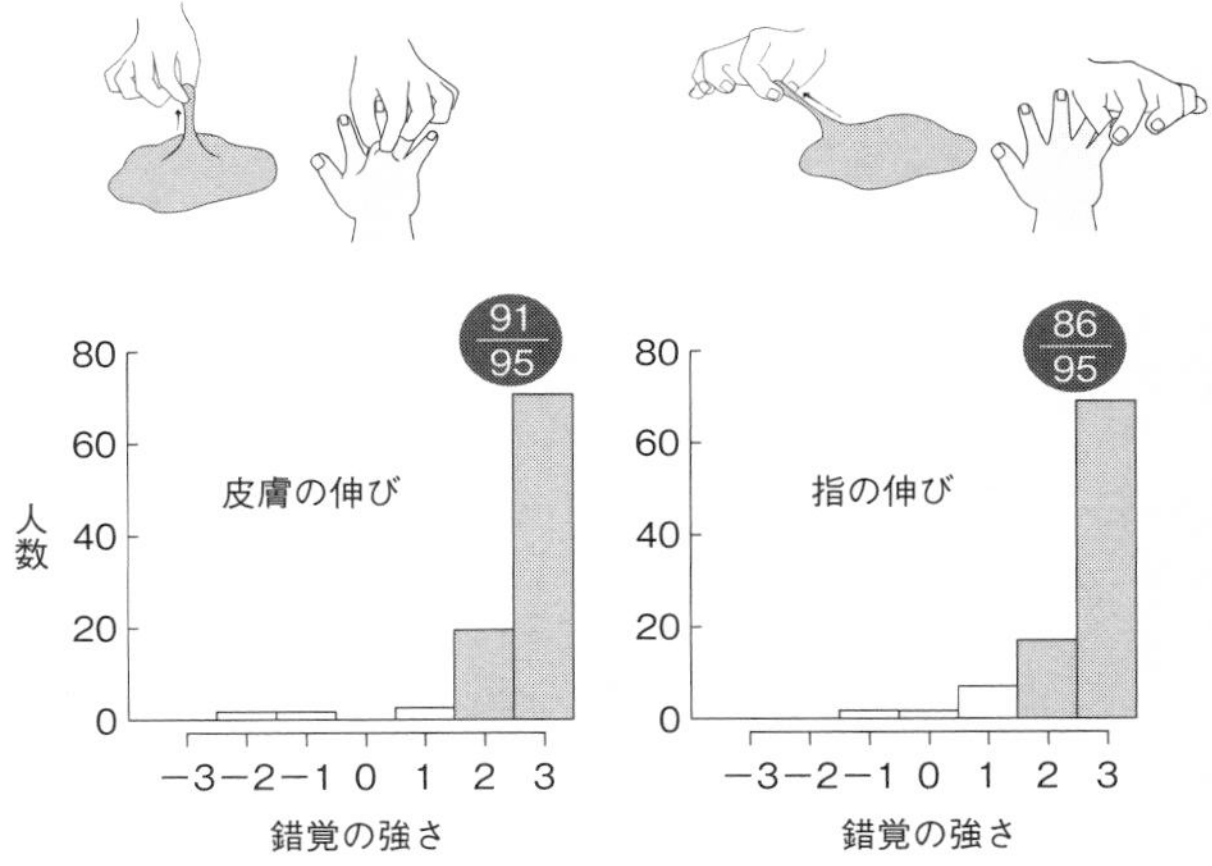

図 5-7　スライムハンドの錯覚の強さ

下のグラフは、「皮膚が実際よりも伸びているように感じる」（左）、「指が実際よりも伸びているように感じる」（右）に対するアンケートの回答。

Kodaka, K., Sato, Y., & Imai, K.（2022）. The slime hand illusion：Nonproprioceptive ownership distortion specific to the skin region. *I-Perception*, *13*(6).

スライムハンド錯覚は、《ボディジェクトの指》や《薬指のクーデター》のように身体の変形感覚を誘導しますが、本章でこれまでに取り上げたものとは異なり、「自己性のねじれ」の反映であった、例のナムネスの感覚が大きく前景化することはありません。逆にいえば、ナムネスの感覚が生じないほどに、見たままの変形を極めて素直に受け入れられている、ともいえるかもしれません。

それでも、筆者が、この**スライムハンド錯覚**を、ボディジェクトをテーマとする本章を締めくくる錯覚として取り上げようとしているのには、それ相応の理由があります。というのも、**スライムハンド錯覚**は、私たちの身体が日常的にモノ性を帯びていたことを、鮮やかに気づかせてくれるものであるからです。どういうことでしょうか。

以下で、**スライムハンド錯覚**が衝撃的であることの根拠について説明していきます。図5－7は、２０２２年の２月に東京新宿のＮＴＴインターコミュニケーション・センターで開催した、研究室のオープンラボの中で得られた、体験者によるアンケートの結果です。**スライムハンド錯覚**を5分程度体験してもらった後で、「皮膚が伸びる感覚」「指が伸びる感覚」に対する錯覚の強度を、あらかじめ用意していた質問紙に7段階で記入してもらいました。

ここでは、ひとまず**スライムハンド錯覚**において最も特徴的な体感である、「皮膚が伸びる感覚」に注目してみましょう。アンケートでは、実に95人中91人もの人が、皮膚が伸びる感覚を「強く感じる」（プラス２）または「大変強く感じる」（プラス３）と回答しています。およそ96

％の人が、錯覚を強く感じていることになります。これは、筆者が関わってきた**ラバーハンド錯覚**関連の実験の中では、頭ひとつどころではなく、圧倒的に他を出し抜く、驚異的な水準の数字です。逆に０よりも小さいネガティブな評価を報告した人はたったの２人しかいません。

錯覚の考案者の一人である今井健人によれば、別の展示で10日間という長い期間で、少なくとも５００人以上の来訪者に対して**スライムハンド錯覚**の実演を行ったところ、明確に不感を訴えた人は４人だけであったことを教えてくれました。このような非公式なデータも含めると、筆者らの実感としては、**スライムハンド錯覚**の不感率は１〜３％程度と予測しています。

一般に、**ラバーハンド錯覚**において、錯覚不感の人は10〜30％程度存在するといわれています。実際、この数字は、これまでにさまざまな錯覚の個人差データを取得してきた筆者の実感とも合致しています（あの《軟体生物ハンド》でも34人中４人が不感を報告していたことを思い出してください）。端的にいって、**ラバーハンド錯覚**の仲間に位置づけられる、からだの錯覚の中で、**スライムハンド錯覚**ほど人を選ばない錯覚は見当たりません。

スライムハンド錯覚の第二の衝撃は、その変形距離にあります。映像をご覧になった方には明らかなように、**スライムハンド錯覚**の実演では、手の特定の部分を引っ張るのと同時に、対応する方向へと、スライムを限界まで引き伸ばします。この際、少なくない体験者が、スライムの見た目の伸びに応じて、皮膚や指が伸びていく感覚がどこまでも維持されることを報告します。

人によって変形距離の限界は違いますが（距離のレベルに関しては明確に個人差が存在しま

す）、展示会の非公式な記録からは、少なくとも一定の割合で、50㎝を超える変形を経験する被験者がいることを確認しています。そして、これは、**ラバーハンド錯覚**において指摘されていた一般的な距離限界（30㎝）を、やはりはるかに超えるものです（巻末注6）。

以上をまとめると、**スライムハンド錯覚**は、従来の**ラバーハンド錯覚**ではありえないほどに、多くの人が感じる錯覚であり、肉体から遠くへと遊離する錯覚であるといえます。

ところで、**スライムハンド錯覚**で見られる鏡を使った実験レイアウトは、一般にミラービジュアルフィードバック（MVF）と呼ばれ、**ラバーハンド錯覚**系の実験としてはまるで珍しいものではないばかりか、むしろ、代表的な選択肢の一つであるとさえいえます。さまざまな点において、一見すると**スライムハンド錯覚**の実験構成自体は、従来の**ラバーハンド錯覚**の伝統的なやり方と変わりありません。そうであれば、なぜ、他の**ラバーハンド錯覚**では到達できなかった未踏の領域へと、**スライムハンド錯覚**はこうもやすやすと侵入することができたのでしょうか。

皮膚という不思議な存在

実は、この問題を考えるためのヒントは、本章のテーマの中核である、身体をモノとして捉える「ボディジェクト」にあります。筆者の考えでは、**スライムハンド錯覚**は、身体の中でもモノと身体の中間的な性格を持つ身体部位に対して選択的に働きかける錯覚であり、それこそが、従来の**ラバーハンド錯覚**からの大きな逸脱を生み出している要因です。さらにいえば、従来の**ラバ**

ーハンド錯覚は、人間の身体を「骨格としての身体」として捉えていた一方で、**スライムハンド錯覚**は「皮膚としての身体」に照準を合わせます。どういうことなのか、実例をもとに説明しましょう。

スライムハンド錯覚の実演では、手の甲の表面をつまんで上に引っ張るのと同時に、スライムの一部を上方へと伸ばすことを必ず行います。このとき、ほぼ例外なく全ての体験者は、皮膚が（まるでトルコアイスのように）宙空へと持ち上げられる経験をする一方で、手全体が上に持ち上げられるような感覚を報告する人は一人もいません。つまり、手の骨格自体は、依然として机に触れたままの状態なのです。

この意味で、**スライムハンド錯覚**は、ラバーハンド錯覚研究における「固有感覚のドリフト」の経験的限界（10cm程度）を覆すものではありません。**スライムハンド錯覚**によって圧倒的に引き伸ばされているのは、その主観体験から明らかなように、骨格ではなく皮膚の層なのです。そして、皮膚の変形距離が「固有感覚ドリフト」の限界をはるかに凌駕するのは、とりもなおさず、皮膚の位置感覚が、固有感覚の制約から自由であるためと考えられます。

人間の身体の空間的な認知のための主要な材料を提供するのは、関節に受容器が存在する固有感覚の仕事でした。ところが、固有感覚は「骨格としての身体」の所在を同定するものの「皮膚としての身体」の所在に関しては、あくまでも無頓着です。この固有感覚の怠慢は特別に責め立てられるべきものではありません。というのも、人間の皮膚が身体の骨格にぴたりと張り付いている限り、皮膚の空間認知は、固有感覚からの情報で代替可能であるからです。

あるいは、外的な圧力で、皮膚が凹んだり伸びたりするときであっても、その際のせいぜい最大で数cm程度の変異量は、皮膚に埋め込まれている触覚受容器によっておおよその推定が可能でしょう。要するに私たちは、内在的な感覚として、皮膚の位置を専門的にモニタするセンサを、有していないのです。そして、日常生活において、そのことで困るようなことは（少なくとも筆者が想像する限りは）、何一つありません。

以上の議論は、身体のマテリアルに関する議論（第1－10節）とよく似ていることにお気づきでしょうか。内在的感覚からの根拠が希薄な身体の素材感覚は、適当な視覚や聴覚を内在的な感覚（主に触覚）と連動させることによって、大理石のように硬くなったり（《マーブルハンド錯覚》）、軟体生物のように柔らかくなることができたのでした（《軟体生物ハンド》）。皮膚の位置感覚についても、内在的感覚からの根拠が希薄である点では、あまり事情は変わりません。

こうした内在的に不安定な条件下に置かれ続けることは、外在的感覚が劇的な暗躍を果たすうえで極めて好都合です。実際に、**スライムハンド錯覚**では、圧力の強さと方向に準ずる視覚情報が与えられると、皮膚イメージの変異がどんどん増していくことが示されています。そのような皮膚の暴走を堰き止めることができるのは、せいぜいは「人間の身体とはこうあるべきだ」という、経験則くらいなのかもしれません。そして、**スライムハンド錯覚**の極端に高い錯覚率は、そのような常識がほとんど何の役にも立たないことを、これ以上なく強く物語っているのです。

皮膚認知を有しながら、空間認知を持たない皮膚は、自己と非自己の中間にある、神経系にとっては半ば「モノ」のような存在であるといえます（筆者は、最近「半自己」という言葉を使っています）。その意味では、私たちの皮膚は、身体本体に貼られたスライムなのだといってもあながち言い過ぎではありません。

ここでみられるような、皮膚が本来的に宿しているモノ性は、**スライムハンド錯覚**の錯覚率が極端に高いことと強く関係しているはずです。というのも、自分の身体の表面上で、モノがどれだけ極端に加工されようとも、それを否定するような内在的な材料が無い限り、見たものをそのまま受け入れるしかないのです。

本書では割愛しましたが、錯覚の個人差は一般に、「自分」に本来属していないものを「自分」として受け入れるか否かに関わる感受性の差異によって説明されています。ところが、皮膚は、そもそもが非自己としての性質を兼ねているため、皮膚を舞台に繰り広げられる奇怪な演出に対して、「それが自己のものか否か」を判定する審査が、ギリギリのところで免責されているのです。

メタバース空間への可能性

スライムハンド錯覚における数十㎝程度の変形は、手の甲の皮膚のみならず、小指を引っ張った際にも得られます。これは、従来の指を伸ばす錯覚で報告されている（せいぜい）10㎝程度の変形をはるかに凌駕しています。

詳細は割愛しますが、従来の錯覚のパラダイムでは、特定の指の変形は、第二または第三関節を心理的に固定し、主に第一関節の固有感覚をドリフトすることによって得られると考えられます。すなわち、これまでに報告されてきた**ラバーハンド錯覚**に基づく指変形は、「骨格としての身体」の変形限界と対応していたのです。

筆者の考えでは、**スライムハンド錯覚**において指を引っ張られる際に得られる「骨格としての身体」の変形限界も、従来の**ラバーハンド錯覚**において観察されていた変形量と大きくは変わりません。それ以降の、ときに数十cmを超える差分は、指の第一関節より末端にある皮膚領域を（主観的に）引き伸ばすことによって得られていると考えられます。要するに、人は、骨格をあきらめて皮膚としての身体に照準することで、変形距離を圧倒的に伸ばすことができるのです。

スライムハンド錯覚は、自分の身体の一部をモノ化することによって、骨格ベースの身体において想定されていたものよりもはるか遠方へと、身体を引き伸ばすことに成功しました。すでに述べたように、皮膚をモノ化することができたのは、皮膚の位置をモニタするのに特化したセンサが存在していないことが大きな要因でした。少し考えてみるだけで、私たちの身体には、身体と直接に接していながらも、それ自身では位置のセンサを有していないものが他にも存在することがわかります。

爪と体毛が、まさにそのような存在です。実際、爪も体毛も、すんなり人工物（付け爪、かつら）で代替できることから明らかなように、身体の中で際立って日常的にモノ性を発揮している身体部位です。（おそらく、皮膚よりもよっぽど想像しやすいことですが）爪なり髪の毛なりを、成長に合わせて際限なく伸ばしていったとして、それらの先端がどこにあるかを内在的に知る術はありません。逆にいえば、偽の視覚情報として、爪や髪の毛の先端をどれだけ伸ばしてみせた（見せた）としても、それを積極的に否定する材料がないことは明らかです。筆者には、**スライムハンド錯覚**で皮膚に起きたことと同じことが、爪や体毛においても成立することについて、強い確信があります。

近未来のメタバース空間の存在意義を考えてみると、自己の身体のイメージを物理世界の限界を超えて運用することの利点は計り知れません。したがって、（物理世界ではなく）主観世界の空間限界を見定める錯覚理論を確立することは、今後のメタバース空間の設計において、極めて重要な意味を持つはずです。

スライムハンド錯覚は、主観世界における身体の運用を、従来考えられていたものよりもはるかに広範囲へと（しかも人を選ばずに）展開できることをはじめて示したものです。この意味で、**スライムハンド錯覚**は、１９９８年における**ラバーハンド錯覚**の発見以来の、最もインパクトのある錯覚の発見であるといっても、言い過ぎではないと思います。とはいえ、このような大それたことを、錯覚を発見した当事者の一人が主張したところで、ほとんど説得力を持ちません。筆者の考えが正しいかどうかは、10年後、20年後の歴史の審判に委ねるほかないでしょう。

第6章

幽体離脱を科学する

——不思議な現象が導く、さまざまな可能性

この章に出てくる
動画はこちらから

6－1 幽体離脱は実在するのか

世界で話題になった幽体離脱

いよいよ最終章までたどり着きました。本章で、からだの錯覚の文脈から検討してみたいのが、幽体離脱に関わる諸問題です。読者のみなさんは、幽体離脱と聞くとどのようなイメージを抱くでしょうか？　筆者の感触では、20年前と現在では、（とりわけ学術の世界では）大きく変化したように思います。

端的に言えば、２０００年代前半ほどまでは、幽体離脱は、いかがわしい疑似科学の代表格と捉えられていたのが、近年となって、科学的な探究の対象として公に認められた存在へと昇格しつつあります。実際、今では幽体離脱を扱う論文は国内外を問わず多数出版されています。

かつて幽体離脱が疑似科学の典型とされていた背景の一つには、幽体離脱の捉え方に関わる一つの誤解があります。この誤解は、幽体離脱が（いわゆる）スピリチュアル系界隈の人々の関心を、今も昔も、惹きつけて止まないこととも強く関係しています。

20世紀の後半、幽体離脱が実在することの根拠として、スピリチュアル系の人々に頻繁に引用されてきたエピソードがあります。この話の主人公であるマリアは、１９７７年のある日、心臓発作で救急の医療センターに搬送され、入院してまもなく心肺停止を経験します。病院のスタッフによる必死の蘇生措置が行われている間、マリアは、幽体離脱の伴う典型的な臨死体験をします。

マリアによれば、はじめ、蘇生措置を受けている自分の寝姿を天井付近から眺め、ベッド横の心拍をモニタリングする機器が描き出すグラフにひとしきり気を留めた後、自身の浮遊する身体は病院の外へと飛び出し、道路や駐車場などの外の様子を眺めていたということです。この際に、病棟の北側に設置された窓の外枠に、擦り切れた片方のテニスシューズが載っているのを目撃します。

蘇生措置で幸運にも一命を取り留めたマリアは、心肺停止期間中に経験した体験の詳細を周囲に伝えますが、そのやり取りの中で、例のテニスシューズが、マリアの報告した通りの位置に現に存在しており、しかも、その場所が、病室からは見えないところにあることが確認されました。実物のテニスシューズに関する細かな特徴まで一致していたこともあり、マリアが、幽体離脱中に、脳内現象としてではなく物理的に病室を抜け出たのでない限り、テニスシューズの件を合理的に説明することは困難だと思われました。

この一件から7年後、マリアの体験を直に聴取した一人のソーシャルワーカーによる書籍の中で、テニスシューズの一致が紹介されると、この話は、死後の魂の行方に関心のある一部の人々に熱狂的に受け入れられます。実際、それから10年以上もの間、マリアの臨死体験は、死後に霊魂が身体から離れられることの決定的な証拠として引用され続けたのです。

ところが、その後、別のグループの調査によって、マリアのエピソード全体が構築される過程でいくつかの虚偽が紛れ込んでいたことが判明します。何よりもまずかったのが、例の窓枠は、実際には、病室から十分に見える位置にありました。調査グループは、マリアが半睡状態のときに、誰かが病室から見えるテニスシューズについて話しているのが耳に入り、そのイメージが幽体離脱体験の中に盛り込まれた可能性を指摘しています（そのように考えるのが筆者も妥当であると思います）。

いずれにせよ、今となっては、マリアのエピソードをまじめに取り合う人はほとんどいません。せいぜい、口述と伝聞に基づいて形成されたエピソードがいかに信用ならないか、その種の教訓を伝える教材として引用されるのが関の山でしょう。

マリアが幽体離脱中に目撃したテニスシューズが、実際には脳内の創作であった可能性が高いという調査結果は、死後の世界を信じる一部の人々を大いに落胆させました。ところで、筆者自身は、（死後の世界についてはともかく）幽体離脱現象の存在を信じて疑わない者ですが、この調査結果によって何ら落胆することはありません。注意してほしいのですが、マリアが幽体離脱において体験したこと、目撃したものそれ自体に嘘はありません。実際、とりわけ死の間際に似たような体験をする者は、古今東西を問わずさまざまに報告されており、マリアの体験内容そのものは、実にクラシカルなものであるとすらいえます。

その後の顚末にマリアが加担していることから類推するに、マリア自身は例の体験を（夢の中の出来事としてではなく）現実とほとんど変わりのないリアリティーで体験していたはずです。いってみれば、マリアの心の中では、自分の寝姿もテニスシューズも、誰かの寝姿やテニスシューズの実物をその目で実際に見るのと区別がつかないほどの強度で、まぎれもなく実在していたのです。脳内でそのような巧妙な創作が可能であること自体が、筆者にとっては極めて驚異的なことであり、文字通りの意味で超常現象という他ありません。

疑似科学から科学へ

マリアによる臨死体験のエピソードに対する受け止め方の違いは、そのまま、幽体離脱に対して存在する2つの見方を反映しているといえるでしょう。要するに、一方は幽体離脱を物理的なものとして、もう一方は主観的なものとして捉えているのです。

前者の、物理的な幽体離脱においては、マリアの件と同様に、幽体離脱者が、物理的な視界から外れた空間を実際に見る能力を有するか否かが問題とされます。20世紀の後半のある時期、この種の問題が真剣に検討されたこともありましたが、そうした能力が存在する可能性は、複数の実験によって完膚なきまでに否定されています。今となっては、物理的な幽体離脱の真否は、学問的な関心の対象から完全に除外されているのです。

幽体離脱が脳内現象であることが、科学的に揺るぎのない鉄壁の事実だとしても、私たちは落胆するべきではないでしょう。幽体離脱の意義を死後の世界にではなく、「いま、ここ」の現在に見出している限り、むしろ事態は逆のはずです。本書の関心に従えば、幽体離脱は、私たちの空想世界のリアリティーを確かに反映するものであり、「いま、ここ」の現実に新しい次元を付け加えるための、貴重な水脈であると捉えられるからです。

6-2 幽体離脱の脳科学

きっかけとなった、ある短い論文

ここから、幽体離脱の問題を科学的な見地から扱っていきます。まずは脳科学的な位置づけから確認していきましょう。幽体離脱の問題が、脳科学の中で正統的な研究対象として登録されたきっかけは、なんといっても、2002年に学術の世界では最高峰の権威を有する学術誌『Nature（ネイチャー）』で発表された、ブランケ（Blanke）らによる論文です。1998年に**ラバーハンド錯覚**が『ネイチャー』誌で発表されてから、わずか4年後のことです。本文は1ページにも満たない、一人の患者を対象とする典型的な症例報告の体裁をとる論文です。せっかくですので、患者による興味深い体験の一切を、なるべく忠実に以下で紹介していきましょう。

患者は43歳の女性で、11歳の頃からてんかんの発作に苦しめられるようになります。てんかんの治療では、病因となる脳内部位をまるごと切除するという、まことに大胆な治療法が昔から行われています。この患者も、病巣を特定するためにまずは非侵襲による脳計測が行われましたが、芳しい成果は得られず、最終的に脳内の複数の箇所の神経細胞に直接に電気刺激を与える方法がとられます。

問題の体験は、右側の角回と呼ばれる領域付近に電気刺激を付与する際に起こります（事後に特定された、てんかんの病巣とは異なる部位であることに注意してください）。最初の刺激で、「ベッドの底に沈んでいく」感じや「高所から落ちていく」感じが報告されます。同じ部位で電流を上げると、典型的な幽体離脱の感覚が誘起されます。彼女の具体的な報告は「高いところから、ベッドで寝ている自分を見ている。見えているのは、足と下側の胴体だけ」として記録されています。その後、２度にわたって同箇所を刺激しますが、その際も、ベッドから２ｍほど上方の天井付近で、「軽く」なって「浮遊」している感覚が得られたといいます。

この電気刺激の間に、ベッドで寝ているままの患者に自分の脚を見るように促すと、「脚が短くなる」感覚が報告されます。さらに、患者の膝を90度に曲げてやると、脚が自分の顔をめがけて素早く向かってくるような感覚が生じて、回避行動がとられます。同じ電気刺激の間に、患者の伸びた腕を見るように促されると、自身の左腕のみが短くなるような感覚が得られます。脚と同様に、両方の腕を90度曲げると、短くなった左腕と左手が、やはり自分の顔に向かってくるように感じられ、患者が思わず目を閉じると、今度は、自分の上半身が、自身の脚の方に向かっていくように感じられます。

以上が、論文の中で報告されている患者の体験の全てです。この2002年の報告を含め、何らかの医療行為の中で、脳細胞を電気刺激することによって幽体離脱が誘発された報告例は、実のところ数えるほどしかありません。ナクル（Nakul）によると、2017年までの段階で論文によって報告された5件は、全て角回を下位領域として含む、TPJ（側頭頭頂接合部）への刺激によって誘発されているという共通点があります。この事実は、幽体離脱が脳内現象であることを強く裏付けるものといえるでしょう。

さて、本書において、角回やTPJという名前が出てくるのは、はじめてではありません。第4章で、TPJが**ラバーハンド錯覚**の錯覚マーカーの一つであること、そして、TPJに含まれる角回が、特に概念やメタファーを扱う領域であることを指摘しました。実は、TPJは、**ラバーハンド錯覚**の効果の中でも、とりわけ錯覚中の手の固有感覚ドリフトの強さと相関することがわかっています。

幽体離脱を、身体全体の固有感覚がドリフトする現象と捉えれば、**ラバーハンド錯覚**と幽体離脱との連続性を理解することが可能です。実際、**ラバーハンド錯覚**の全身版ともいえる三人称視点の**フルボディ錯覚**においても、左右のＴＰＪが自己位置のドリフトと関係していることを示唆する結果が得られています。こうした知見は、幽体離脱を、**ラバーハンド錯覚**の研究と同様の見方で探究することを強く動機づけるものです。

他者視点と幽体離脱

ＴＰＪには、概念やメタファーの処理の他にも、人間の営みにおける高次な処理の多くが詰まっています。その中で、とりわけ幽体離脱と関係が深いとされるものに、他者視点取得という機能が挙げられます。他者視点取得の代表的な例は、自分から現に見えている風景を、自分とは異なる場所から見るとどのように見えるかを想像するというものです。

例えば、心理学の発達研究において古典的な実験課題として知られる「三つ山課題」は、遠方で高さの異なる三つの山が立ち並ぶ風景を、別地点から眺めた際の見え方を予想します。このいかにも簡単そうにみえる課題ですが、普通の大人と同じようなレベルで難なく解答できるようになるには、６歳程度になるまで待たなければなりません。

興味深いことに、笹岡・乾の報告によれば、三つ山課題に類する実験課題を行っているときに、右側のＴＰＪの有意な活動が観測されています。この部位は、先述の、ブランケの論文で報告された患者の脳の刺激部位と同じであり、他者視点と幽体離脱には、脳活動において、認知資源の多くを共有しているであろうことが指摘できます。このような他者視点取得と幽体離脱を並置する視座からは、他者視点取得という機能が、透明な身体を能動的に別地点に動員したことによる効果であるという側面がみえてきます。

ラバーハンド錯覚において、身体のイメージを物理的な身体から切り離してラバーハンドの位置まで遊離させるように、他者視点取得では、幽体離脱した透明な身体を、想像上の基点へと遊離させることで、まるでその場に自分の身体があるかのように、遠方からの視点を体感している、と考えられます。あるいは、仮想的な身体が十分に躍動できているときに限って、三人称視点には強力なリアリティーが約束される、といってもいいでしょう。実際、身体性認知と呼ばれる研究分野では、身体を部分的に拘束することによって他者視点系の課題の成績が減退することは、すでによく知られているところです。

仮に、幽体離脱が、他者視点取得の一種の可視化であるとするならば、ほとんどの人が、幽体離脱のための予備的な能力を有していることになります。実際、他者視点取得の機能は、それなしでは社会生活が成り立たないほどに、個人の日常生活のありとあらゆる場面で随時、発動しています。その意味では、私たちのほぼ全てが、幽体離脱の予備軍であるといえるかもしれません。

先ほどのブランケの論文で紹介された事例を思い出してください。そこでも指摘したように、事後に発見されたてんかんの患部は、幽体離脱の誘導された部位であるＴＰＪとは別です。つまり、彼女が治療中に幽体離脱を体験したことと、彼女がてんかんという特異な症状を抱えていたこととは無関係の可能性が高いのです。彼女自身、これまで幽体離脱の自覚症状は一度もなく、その際にはじめて体験したものだった点も、このことを示唆しています。

本書は、これまでに、ＴＰＪが複数の感覚を統合するエリアであることを強調してきました。ＴＰＪの統合による産物の一つが自己位置情報です。実際、自己位置を決定するにあたっては、──寝転んでいるか、立っているかで視界が変わることからも明らかなように──自分の姿勢と視覚情報とを最終的に統合する必要があります。

幽体離脱は、この統合の過程における不調と関係している、とする考え方があります。要するに、外的な視覚情報と内的な姿勢情報とが相互に矛盾する際に、自己位置を一つに確定できずに、複数の位置を同程度に確からしいものとして出力した際の自己像のスケッチこそが幽体離脱である、という解釈です。実際、重力方向や姿勢の認識と強く関わる前庭感覚の外乱が幽体離脱の発症と関係することを示唆するデータとして、目眩の症状を持つ集団が、それ以外の集団と比べて、幽体離脱を経験している人が有意に多いという報告があります。その報告では、目眩の症状を有している集団は、（そうでない場合と比べて）３倍程度の人が幽体離脱を経験しています。

こうした事例は、健康な状態の人でも、ＴＰＪの適当な場所に対して電気刺激を付与することで、幽体離脱を誘発できることを示唆しているようにもみえます（他方で、報告されている５件という数は、極めて少ない点にも注意が必要です（巻末注7）。

6-3 多角的な視点からイメージできる人は、幽体離脱が起こりやすい？

イメージしやすい回転、イメージしにくい回転

それでは、私たちの内に潜む、幽体離脱的な心的運用を、さらに深く掘り下げていきましょう。図6-1に4つの手のドローイングが並んでいます。これらは、手である限りは、右手か左手かのいずれかの手となります。筆者の授業では、これらのドローイングをスクリーンに表示させたうえで、右手だと思った人は右手を、左手だと思った人は左手をなるべく早く挙げてもらいます。そうすると、他と比べて圧倒的に手の挙がるスピードが遅くなったり、左右の誤りが増えるものがあります。図では、2と3がそれに相当します。

これは、実際に、この手の姿勢を物理的につくろうとする際にかかるであろう身体構造的な制約が、メンタルイメージの水準にまで波及していることを意味しています。実際に同じ手の形をつくってもらえればわかりますが、関節の構造上、2と3の姿勢への回転はかなり無理をきたします。そして、この無理は、心の中の回転でも免責されないまま残ってしまうのです。

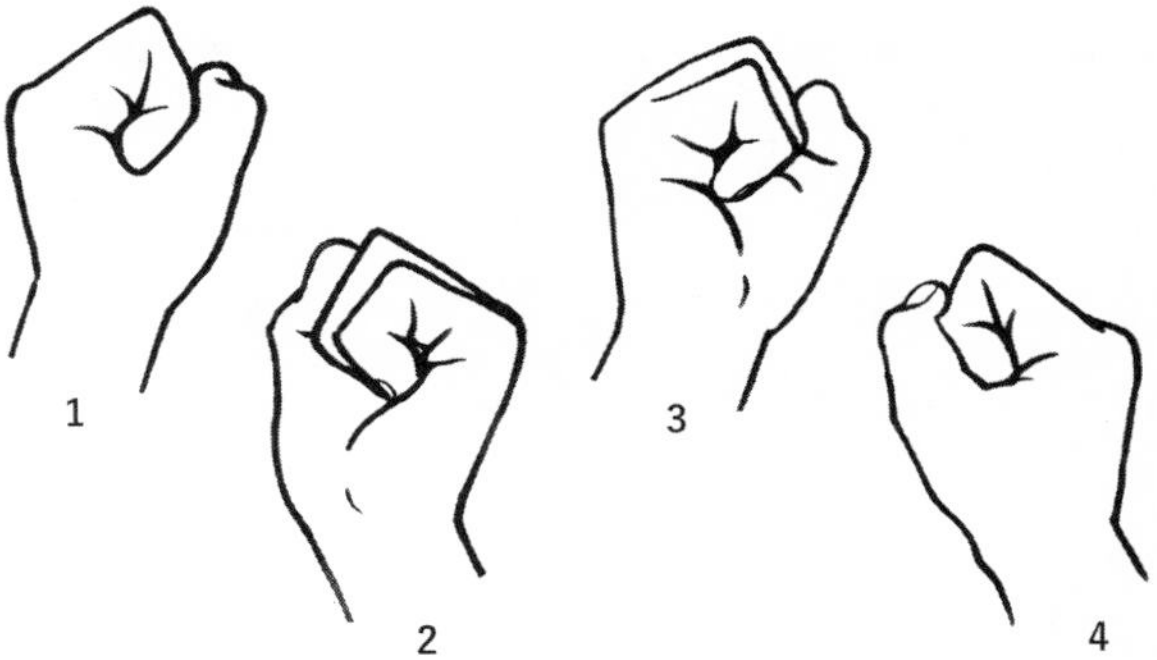

図 6-1　右手ですか？　左手ですか？

このような課題は、実験心理学の世界では「心的回転（メンタルローテーション）」と呼ばれています。先述の他者視点と同様に、身体の視覚像の意味を内的に理解する際にも、透明な身体を実際に運動させ、視覚像と同化させていることがわかります。ここでも重要なのは、心的回転は、物理世界における身体の回転の制約から自由ではいられないこと、いやむしろ、物理世界の運動を正確になぞるようにして達成されるということです。このように、「想像だったらただでもできる」というのは、端的に誤りなのです。

２０１０年あたりを境に、この心的回転を、手単体ではなく全身レベルの回転で考えてみようとする研究が、いくつか発表されています。この場合の課題は、左右いずれか一方の手に何らかの特徴のあるアバターを、いろんな角度から見て、その特徴が左右どちらの手にあるかをなるべく早く答える、というタイプのものが一般的です。この課題でも、左右を判断するのに

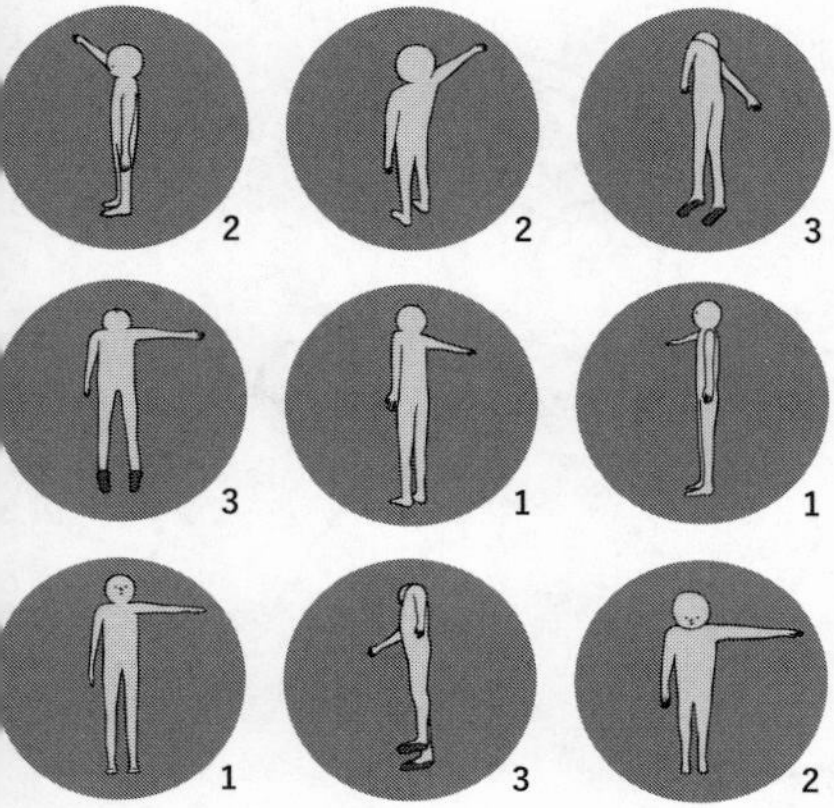

1：Eye-level、2：Elevated、3：Lowered

図 6-2　挙げている手は右手か？　左手か？（Own Body Transform 課題）

Pfeiffer, C., Schmutz, V., & Blanke, O.（2014）. Visuospatial viewpoint manipulation during full-body illusion modulates subjective first-person perspective. Experimental Brain Research, 232（12）,

要する反応時間が、成績の目安となります。この反応時間が速ければ速いほど、自分の全身を、見た目のアバターの向きにピタッと重ねるのに要する心的回転のパフォーマンスが高いことを意味します。

２００９年に発表されたブランケのグループによる実験では、左右いずれかの手を上げているアバターの図像に対する左右判断を、上から見ているとき（Elevated）と、下から見ているとき（Lowered）、目線と同じ高さのとき（Eye-level）で比較をしています。結果は、Elevatedにおける判断成績が有意に高いというものでした。言い換えれば、上からアバターを見降ろしている時に、アバターの身体に（透明な全身運動を通して）共感しやすい状態となっている、といえます（図６－２）。

これは、一見するとごくごく自然なことに思えるかもしれませんが、これが自然に思えること自体が、私たち人間の中に先天的に埋め込まれている不自然さを露呈しています。というのも、日常的に遭遇する物理的な対人関係のレイアウトは、圧倒的にEye-levelのものが多い一方で、上からの視点は、極端に背の高い人でない限り、日常的に経験するものではありません。

先程、心的回転が物理世界の制約に忠実なことを指摘しましたが、全身の回転の場合、上方視点で成績が優れていることを説明する物理世界に由来する制約を見出すことはできません。そうであれば、私たちが元々鳥瞰図的な視点運用に優れている要因は、第3章で議論したように、空想世界のリアリティーの中にあるはずです。

心的回転と幽体離脱

別のブライトヴァイテ（Braithwaite）らによる論文でも、上からの視点と下からの視点での左右判定のパフォーマンス（この場合、アバターの着用するグローブの左右が問われます）が実験によって比較されており、ここでも上からの視点による課題の成績が有意に高いという結果が得られています。

さて、この論文が面白いのは、57人の被験者に対して事前に聞き取りを行い、これまでの人生の中で幽体離脱を経験したことのある17人を特別な集団として、その他の「未経験」に属する40人のグループとの比較解析を行っている点にあります。その結果、驚くべきことに、幽体離脱を経験している人たちのグループは、未経験グループよりも心的回転のパフォーマンスが高いということがわかりました。具体的には、視点の上下にかかわらず、あらゆる視点において未経験グループを回答速度において圧倒しているという結果が出ています。

この結果は、少なくとも相関関係だけに注目する限り、幽体離脱は三次元空間のシミュレーション能力の高い人に起こりやすいことを示唆するものです。と同時に、幽体離脱が、他者視点や心的回転における心的機能の認知的基盤を共有していることを、やはり強く支持するものでもあります。

統計にもよりますが、生涯のうちで一度でも幽体離脱を経験する人は、せいぜい数十%程度であり、その中でも、長期間にわたって複数回経験する人はごくごくわずかでしょう（10年近く学生に幽体離脱の経験を問いかけてきた中で、筆者は、そのような学生と出会うことができたのは、たったの一人でした）。

その意味で、幽体離脱はまぎれもなく特別なものです。他方で、ここで確認してきた一連の知見は、この特別な体験において駆動されている認知的な機能が、（くり返しになりますが）心的回転や視点取得課題と関係するような、幽体離脱を経験したことのない人たちでも日常的に大いに活躍させている類の空間変換能力であることを示唆しているのです。

問題は、このギャップをいかにして埋めるかにあります。私たちの誰もが、幽体離脱体験を「発症」する予備軍であるとして、この空想世界の中に閉じ込められた「能力」を、いかにして現実世界へと解き放つのかが問われているのです。そのためには、幽体離脱に熟練した経験者の声に耳を傾ければよいのでしょうか。残念ながら、それでもうまくいく見通しはあまりありません。というのも、ほとんどの幽体離脱は、意図せぬ結果として起こってしまったものであるからです。

6-4 動かない体、動きたい心

筆者の整理では、意図せぬ幽体離脱が起こる状況は、大きく2つの種類に分けられます。1つはオーケストラ認知の崩壊、もう1つは限界状態です。そして、このいずれについても、実は、前章で検討した、身体のモノ化（ボディジェクト）と深く関わっています。というのも、幽体離脱というのは、いわば、《芋虫の錯覚》や《不感症な足錯覚》で経験した手足のボディジェクト化を、全身で享受する体験である、といえるからです。

オーケストラ認知が崩壊する「金縛り」

まずは、オーケストラ認知の崩壊から説明します。健康な人に生じる幽体離脱の大部分は、夜の寝入りの際に起こります。そして、その典型的な前触れとして挙げられるのは、頭痛や目眩、そして金縛りです（目眩の症状を持つ者が、幽体離脱を経験する頻度が高いことはすでに述べた通りです）。

金縛りの多くは、寝入りの際に（何らかの不調によって）脳が入眠状態となるより先に身体が眠りこんでしまうことにより生じます。このギャップから、これまでに何度か言及してきた「自分の身体であるにもかかわらず、自分の思い通りに動いてくれない」状況に陥ります。すでに紹介した「腕の圧迫」や《蟹の錯覚》で生じていたことが、全身のレベルで起こるのです。

指揮者の指示に演奏者がまるで従わずに、いつまでも演奏が始まらないオーケストラを想像してみてください。その気まずい空気に耐えられなくなった指揮者は、自らの指揮棒と合致した優雅な音楽を心の中で奏で始めるかもしれません。これこそが幽体離脱です。金縛りによって、カチコチにモノ化してしいく「物理的な身体」を「自分」から切り離し、そこから脱出しようとする「内的な身体」に「自分」を預けてしまうのです。

すでに説明した目眩や頭痛も、感覚間の秩序が部分的に崩壊し、統一的で包括的な主体を安定的に維持するのが難しくなっている状況であると考えられます。すなわち、全身レベルでオーケストラ認知が壊れることが、幽体離脱を引き起こす一つの引き金となっているのです。

ところで、金縛りは、一種の感覚遮断状態をつくります。例えば、布団に入った状態で金縛りに遭うと、固有感覚や触覚の情報が更新されなくなります。ところが、人間を含む生物の認知は、変化しない刺激を扱うことを思いのほか苦手にしています。端的にいえば、変化しないものは、存在しないかのように扱われるのです。

例えば、視覚を暗闇によって強制的に遮断されるような状況が長く続くと、認知機能は存在意義を喪失します。そうした実存的（？）な困難に対抗するために残された道は、外的な刺激とは無関係に、内的な感覚を賦活させることです。実際、視界を長期間にわたって遮断されると、健康な人であっても、さまざまな幻覚が生み出されることがわかっています。

金縛りもまた、触覚や固有感覚といった身体の基礎的感覚が何ら変化を生み出せない状況で、世界と自己の消失をすんでのところで回避するように、別の「からだ」を立ち上げている、ということがいえるでしょう。

限界状態下の隠しコマンド

オーケストラ認知の崩壊と並んで、幽体離脱の強い引き金となりえるのが限界状態です。この限界状態の典型的な事例が、何と言っても先に示した臨死体験です。マリアの例のように、生死の淵をさまよった後に意識を回復した者が、幽体離脱の体験を報告する事例は、今も昔も枚挙にいとまがありません。この偶然の一致を説明する一つのモデルとして、「死後の世界」の実在が持ち出されることがあります。

実際、幽体離脱は死と隣り合わせにある、重大な事故の直後や戦場でも非常によく報告されています。他方で、幽体離脱は、必ずしも物理的に死に直結しない程度の、拷問や性的虐待といった外傷的な状況でも一定数、報告されています。そうであれば、幽体離脱は、臨死の段階に固有のものではなく、（臨死を含む）自我が受け止めなければならない心理的負荷が、途方もなく高い限界的状況において誘発される、と仮定するのが妥当であるように思います。

心理学者のブラックモア（Blackmore）は、幽体離脱現象が、高いストレス下で、脳を感覚入力（身体内外からの刺激）から切り離し、内部の情報源を基礎にして脳が作り出す現実のモデルである、という理論を提唱しています。

実際、死に限らず、圧倒的な力の前になすすべもない限界状態において、脳を感覚入力から切り離すことの効用は、明らかです。いかに自分が残酷な仕打ちを受けていたとしても、その対象が単なる自分の容れ物であったとすれば（ちょうど自分の車が破壊されている状況を思い浮かべてください）、物理的にも心理的にもダメージを最小限に抑えることができるからです。

前章でＣＲＰＳを検討したように、痛みとは、本来脳内現象であり、実質的には、身体の特定部位に何らかの異常が存在することを知らせるアラートとして機能しています。ところが、まるでなすすべもない拷問的な状況では、このようなアラート機能は、まるで意味を為しません。当人にとって、問題の所在はとっくに自覚されているのですから。

ＢＢＣ（英国放送協会）の記事で、全身麻酔が効いていない状態で、腹部の外科手術を受けたドナという名の女性の証言を読むことができます。手術が始まって間もなく、予定よりも圧倒的に早く全身麻酔が解けて、ドナは眠りから覚めます。直後、手術が終わったと思って安心していた彼女は、執刀医の「メス」という言葉を耳に入れることで、この最悪の状況を理解します。終わったと思っていた手術は、まさにこれから始まろうとしていたのです。

寝台で凍りつく彼女は、この恐怖の事態を必死で目の前の人たちに訴えようとしますが、同時に投与されていた筋肉の弛緩剤が効いていたため、話すことも動くこともできません。ただただ腹部への強烈な痛みをやり過ごす拷問のような手術が終わろうとする頃、ドナは幽体離脱をして、自分の体から外へと抜け出します。そこでは、恐怖は消え、痛みも消えていました。皮肉なことに、まるで聞く耳を持たない（持てない）医者に代わって、彼女は、自分自身の意志で「全身麻酔を打つ」ことに成功したのです。

幽体離脱では、現実の外在的な刺激に対するあらゆる感覚の感度が鈍化しますが、必ずしも完全に消失するというわけではありません。聴覚に注目すると、ドナのケースでは、手術室の音がかすかに聞こえていたものの、それは、はるか遠くにあるような音であったといいます。これは、一種のナムネス化した聴覚と捉えられます。

この種の聴覚的な遠さは、実のところ、幽体離脱で紡ぎ出される「遠くから自分を見ている」

視覚像と、とても相性が良いことがわかります。仮に、執刀医などの声が（実際の通りに）十分な音量（および左右差）で聞こえてしまえば、「自分の身体から遠く離れた位置にいる」という視覚像に基づく位置感覚は、早々に矛盾を抱えることになります。

このように考えると、幽体離脱は、一様に生じる感覚の鈍化をうまく説明するために要請された空間モデルである、という捉え方も可能でしょう。

ドナの例は、幽体離脱が、「痛み」という機能が内在している（ある種の）バグを解除する、隠しコマンドのようなものである、という見方を与えてくれます。もし、幽体離脱のスイッチが、もっとわかりやすいところにあって、意図に応じてONとOFFを自在に切り替えることができたのであれば、手術が始まってから幽体離脱を果たすまでの1時間半もの間、ドナは苦しむ必要はなかったかもしれません。そうであれば、「痛み」という機能の仕様をオープンソース化する（誰もがアクセスできる状態で公開する）ことによって、人類はより幸福になれるのでしょうか。あるいは、今後、人類がそのような機能を手に入れるような形で、より環境に適応した人類へと進化することはありえるでしょうか。

筆者は、この種の想定について、あくまで否定的です。すでに述べたように、痛みは、生理的に問題のある部位に改善を促す行動へとつながりますが、これが可能となるのは、端的に痛みが不快であり、主体にとって有無を言わせず「OFFとされるべき」対象であるからです。もし、痛みのONとOFFを自在に制御できるようになれば、不快を感じる一瞬の猶予も与えられぬまま、痛みは即座に遮断されるでしょう。

　こうして、問題とされるべき身体の患部の治療が先送りされることは目に見えています。この意味で、随意的な幽体離脱は、一種の麻薬として機能してしまうのです。したがって、痛みをOFFにすることが生体にとって意味をなすのは、死ぬとわかっている、あるいは死を受け入れた状況に他なりません。臨死体験の際に幽体離脱の報告が多いのは、こうした事情から説明がつくように思います。逆にいえば、痛みとは、生きることを諦めていないことのサインなのです。

6-5 幽体離脱はラバーハンド錯覚の拡大版か？

ラバーハンド錯覚とフルボディ錯覚、共通点と相違点

　幽体離脱を実験室で再現しようとする場合、21世紀以降の実験科学では、幽体離脱を**ラバーハンド錯覚**の延長線上に位置づける考え方が主流です。要するに、**ラバーハンド錯覚**において手で生じていることを、全身へと拡大させれば幽体離脱が完成するというわけです。すでに第3章でも取り上げた**フルボディ錯覚**こそが、この**ラバーハンド錯覚**の全身バージョンに相当します。それでは、**フルボディ錯覚**は、本当に幽体離脱の感覚を再現しているといえるのか、これから慎重

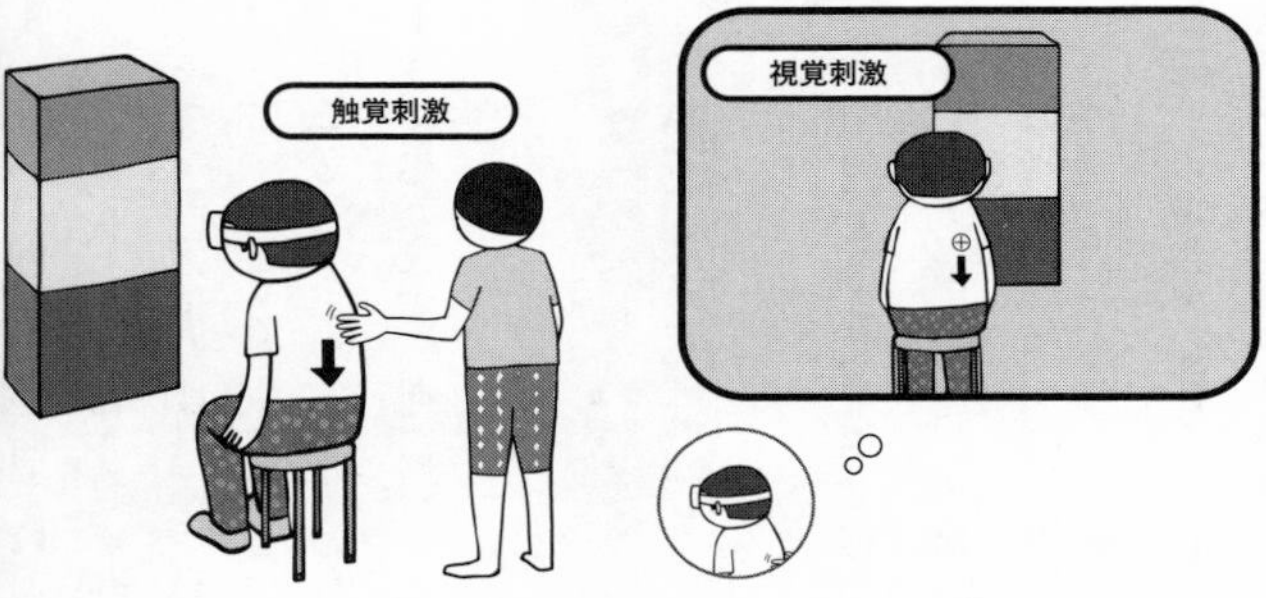

図 6-3　自分自身をアバターとする三人称視点フルボディ錯覚

に吟味していきます。

まずは**フルボディ錯覚**の復習をしましょう。**フルボディ錯覚**には一人称と三人称のバージョンがありますが、幽体離脱を模擬しているとされるのは、三人称バージョンの方です（図6－3）。典型的な三人称**フルボディ錯覚**では、HMDを通して、前方およそ1～2m程度の距離に立っているアバターの背面を見ます。この際、自分自身の背中を物理的に触られるのと同時に（触覚）、アバターの背中の対応部位が触られるのを目視する（視覚）、という方式で同期した視触覚刺激が与えられます。図式としては、ラバーハンドと実際の手の関係が、そのままアバターと実際の身体との関係に置き換えられているのです。

実際に**フルボディ錯覚**は、**ラバーハンド錯覚**とほとんど同じ効果が得られます。第一に、アバターへの所有感が（非同期時と比較して）高まります。加えて、自己位置感覚のドリフト、恐怖刺激時の汗腺反応、および、全身の体温の低下も生じます。誘導原理から錯覚効果に至るまで、

フルボディ錯覚が**ラバーハンド錯覚**の仲間であることは一目瞭然です。

ここで、**フルボディ錯覚**と**ラバーハンド錯覚**双方における所有感変調について、あらためて注目します。**ラバーハンド錯覚**における所有感変調の強さは、一般に「ラバーハンドが自分の手であるかのように感じた」というアンケートの設問によって評定されます。当然ながら、非同期刺激と比べて同期刺激を付与したときに、より高い評点が得られます。

これに対応する**フルボディ錯覚**の設問は、「アバターが自分の身体であるように感じた」となります。「アバターに自分の身体がある」と真に感じるためには、「見る自分」と「見られる自分」の分離が主観的に受け入れられている必要があるため、この設問は、アバターへの所有感と併せて幽体離脱感をも同時に評定していると考えてよいでしょう。

この設問についても、やはり、非同期刺激と比べて同期刺激を付与したときに、より高い評点が得られるのが一般的です。ところが、その詳しい内実をみると、必ずしも**フルボディ錯覚**と**ラバーハンド錯覚**の効果を同一視することができないことに気づきます。

ラバーハンド錯覚の場合、シリコン等の弾力のある手のモデルを使うと、少なくとも半分程度の人は、所有感錯覚を強く感じます（図１‐８参照）。適切な実験を組めば、一定数の人が、ラバーハンドが自分の手であるというリアリティーを、「なんとなく」や「どちらかというと」というようなレベルではなく、絶対的な体感として得ている、という点が極めて重要です。筆者が、からだの錯覚の研究にのめり込んでいったのも、まさにこの絶対的な体感に圧倒されたことがきっかけです。

　他方で、**フルボディ錯覚**では、このような高い評価が得られることはほとんどありません。一例として、HMDを通してCGのアバターを提示するサロモン（Salomon）らの実験では、三人称視点の**フルボディ錯覚**による体温の低下を観測することに成功していますが、その際の（アバターへの）所有感の設問に対する平均評価は、7段階で半分のレベル（「どちらともいえない」）にも及びません。

　国内外の他の文献に目を通してみても、CGのアバターを用いる実験では、おしなべて同程度の錯覚効果しか得られていません。つまり三人称視点の**フルボディ錯覚**における主観効果は確かに存在するものの、あくまでも対照群と比較した相対的なものに過ぎず、**ラバーハンド錯覚**ほどの絶対的な錯覚体感を生み出すものではないのです（巻末注8）。

フルボディ錯覚が幽体離脱ではない、決定的な理由

　次に考えてみたいのは、仮に**フルボディ錯覚**の効果が十分であったとして、その主観体験は、そもそも幽体離脱と呼ぶに相応しいか、という点です。**フルボディ錯覚**は、**ラバーハンド錯覚**の原理に倣って、極めて限定的な空間条件でしか誘発することができません。

　第一に、全身の所有感が投射される範囲は、身体近傍空間によって規定されます。腰回りの身体近傍空間は、手の近傍空間と比べて数倍は広いとされていますが、それでも、体験者からアバ

ターまでの距離は2m程度に抑えられる必要があります（身体近傍条件）。加えて、体験者とアバターの身体の向きは揃わなくてはなりません（姿勢整合条件）。体験者がアバターの背面を見るレイアウトがとられるのは、このためです。最後に、自分の身体を視覚から隠す要件も、**ラバーハンド錯覚**と同様に求められます（「二つの身体」条件）。**フルボディ錯覚**では、HMDによる遮蔽がこの条件を満たしてくれていることになります。

さて、実際の幽体離脱は、こうした空間の制限の中に収まり切るとは限りません。例えば、幽体離脱の体験談では、寝ている部屋から離れて外へと繰り出すパターンは比較的よくみられます。そのため、2mという制限はいかにも厳しすぎるような気もします。

また、幽体離脱した側の身体の表象は人によって大きく異なります。ある文献では、明確な身体像を持たない視点のみの存在となるのは、30％程度というデータがあります。逆にいえば、そのほかの人たちは、何らかの形で、離脱側に自分の身体のイメージを持ちながら、もともとの自分の有形の身体を眺めていることになります。この種の「二つの身体」も、**フルボディ錯覚**の範疇では扱うことができません。

より深刻なのは姿勢整合の問題です。健常者が経験する幽体離脱の73％、脳疾患に起因する幽体離脱の80％が仰向けで生じます。各種の文献で紹介される事例の特徴を鑑みる限り、そのうちの大部分が、寝ている自分を上から見下ろす対面的な視点をとっています（図6－4）。以下では、この種の、寝ている自分を上から見下ろす空間図式を、「幽体離脱レイアウト」と呼ぶこと

図 6-4　**幽体離脱レイアウト**

にします。

　幽体離脱レイアウトは、**フルボディ錯覚**にとっては、大きな「犠牲」を伴います。寝ている自分の背後へと分離するだけなら、移動の工程は一つで済みますが、幽体離脱レイアウトの場合、そこからさらに180度身体を反転させて、さらには分離前の身体と対面できる高さまで上昇しなくてはならないのです。

　ラバーハンド錯覚や**フルボディ錯覚**を阻害する因子が、ここでは全く逆に、むしろ幽体離脱の感度を高める作用を持っている、という事実は、強調してもしすぎることはありません。この点で、**ラバーハンド錯覚**と幽体離脱を同じ土俵で語ることに問題があるこ

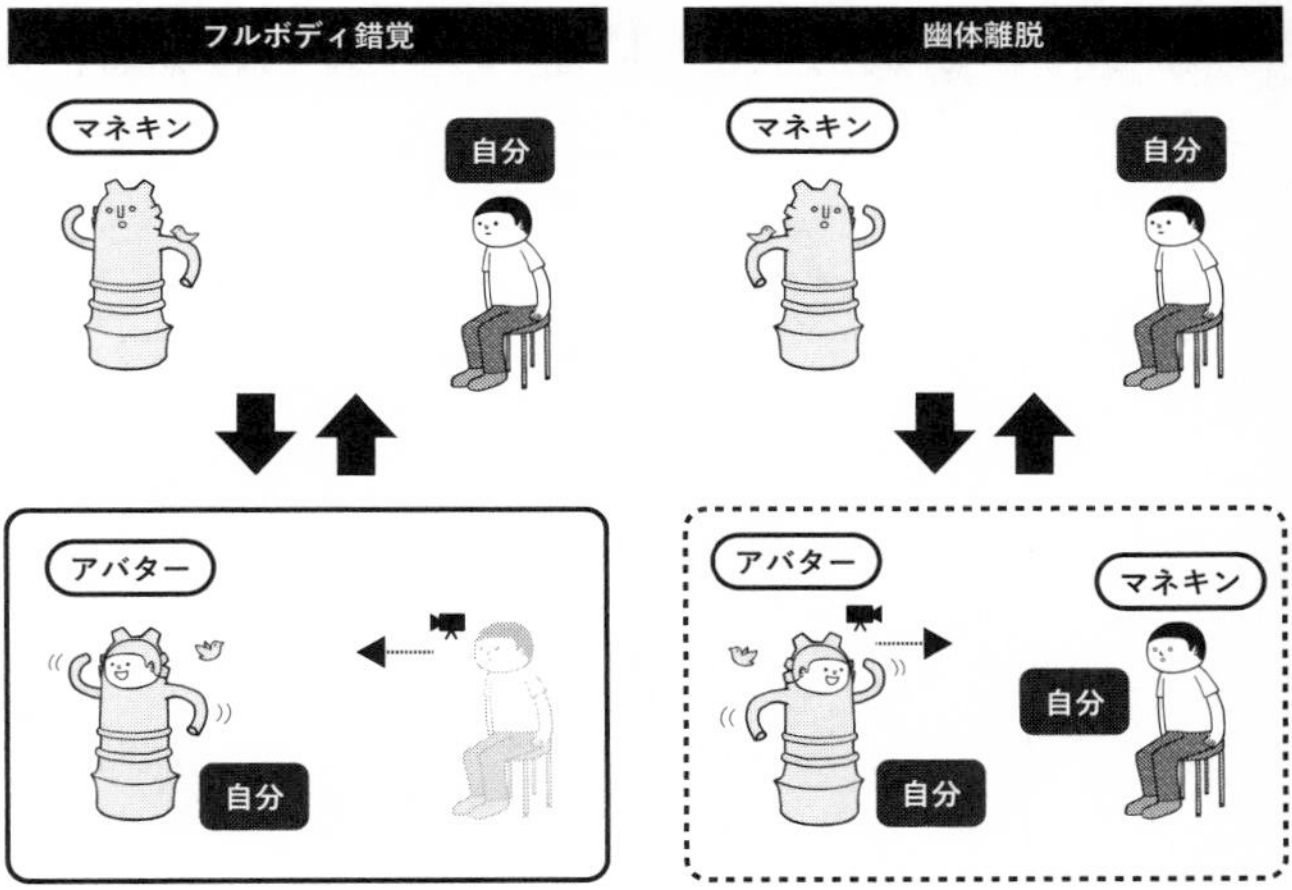

図 6-5　フルボディ錯覚と幽体離脱における自己の投射形態の違い
フルボディ錯覚では、元の自分は消失しアバターへと同化する一方、幽体離脱では、元の自分はマネキン化するかたちで残留し、アバター化した自分との対面を果たす。通常、幽体離脱は仰向け状態で生じるが、本図では、両者の投射形態の違いにフォーカスするために、立位状態の描写を採用していることに注意。

とは明らかです。

筆者の考えでは、幽体離脱の中核的体験を**ラバーハンド錯覚**の概念で記述しようとするのは端的に言って誤りです。理由の一つは、ここまで述べたように、**ラバーハンド錯覚**にとっては不利な条件が、かえって幽体離脱にとってはポジティブな因子である（ようにみえる）という事実です。この点は、後述する重力知覚の観点からも同様のことがいえます。

理由の2つ目は、より本質的です。**ラバーハンド錯覚**や**フルボディ錯覚**では、錯覚が止むと、所有感がアバターから自分の身体に戻ります。一時的に魂の吹き込まれていたアバターは、自分とはまるで無関係であるところの、元のマネキンの姿に戻るのです（図6－5左）。

ところが、幽体離脱の場合、**フルボディ錯覚**ではアバターとされる、そのマネキンと空間的に対応する場所に存在するものは、何を隠そう、自分自身の本来の身体です。むしろ、錯覚が止むことで、錯覚中に自分の意識から引き剝がされていたマネキンに、魂が吹き込まれるのです。逆にいえば、錯覚中のマネキン化した自分の身体は、魂が引き抜かれた単なる置き物として体感されるのが一般的です（図6－5右）。

実際のところ、本書の執筆にあたって複数の文献にあたりましたが、幽体離脱中に、元々の身体に対して所有感を積極的に感じているという事例を、筆者はほとんど見つけることができませんでした。ほぼ全ての幽体離脱の事例では、（有形無形の区別はあれ）所有感は分離した側にあり、分離された側には、ボディジェクト化した自由にならない身体が置かれているに過ぎません。

以上をふまえると、今後、感覚間同期の精度を高めることで**フルボディ錯覚**の完成度が増していったとして、行き着く先は、幽体離脱とはまるで似ても似つかないところであるように思われるのです。

6-6 天空を見下ろす

仰向けかうつぶせか

既に説明したように、幽体離脱のほとんどは仰向けの状態で生じます。おそらく、その理由の一つは、入眠時の金縛りや手術時のような、身体全身が極めて不自由となる状況そのものが、幽体離脱の強力な誘因となることが大いに関係しています。とはいえ、この仰向けという姿勢は、**ラバーハンド錯覚**のパラダイムから見ると、お世辞にも優れた条件であるとはいえません。

仰向け時の幽体離脱において、離脱している側の視点は、上から寝ている自分を見下ろす形となるので、主観的にはうつぶせの感覚として知覚されます。例えば、ある幽体離脱の事例では、離脱時の感覚が「カエルが泳ぐような格好」として報告されています。このような場合、幽体離脱における離脱前後の身体は「物理的には仰向けだが主観的にはうつぶせ」という、重力知覚に関してあべこべな関係にあることがわかります。

ここで再び**ラバーハンド錯覚**に置き換えてみると、この関係は、手とラバーハンドとで、表と裏が大胆にも逆転している状態に対応していることに気がつくでしょう。どう考えても錯覚を誘発するのに向いている設計であるとは思えません。しかし、この、いかにも認知計算的にコスパの悪そうな、あべこべレイアウトこそが、幽体離脱の王道なのです。

そもそも、物理的には顔を上に向けているのに、主観的には顔を下に向けている（と感じられる）、などというような勘違いを放置することが、本当に可能なのでしょうか？　ここで一つ簡単な実験をしてみましょう。

もし今寝ながら本を読んでいるのであれば好都合です。寝転がった状態で、本を閉じて天井を見つめます。このとき、天井を地面だとイメージしてみてください。天井の近さやテクスチャが気になるようであれば、目を閉じて、自分が高い空を「カエルが泳ぐような格好」で浮遊しつつ、地面を眺めている様をイメージしてもらうのでもいいでしょう。いかがでしょうか。おそらく少なくない人が、「天井を見下ろす」ことが、意外なほどに簡単なことに驚いたのではないでしょうか。

この種の適応性が、寝ている状態に特有のものなのかを確認するには、上半身を立ち上げたのちに、周囲の壁を眺めながら、天井が下で地面が上の世界を新たに想像してもらえれば十分です。例えるならば、コウモリのように頭を地面に向けているような状態です。今度は、あべこべの世界へと参入するのが一気に難しくなるのが体感できるはずです。三度、寝転んで同じことをしてもらえれば、仰向けの威力を実感できるでしょう。要するに、頭を横たえて視点を上に向けることによって、重力の反転した世界への参入が一気に容易となるのです（図６－６）。

筆者は、この種の重力反転への適応性を、ＶＲ環境による実験でくり返し検証しており、寝転

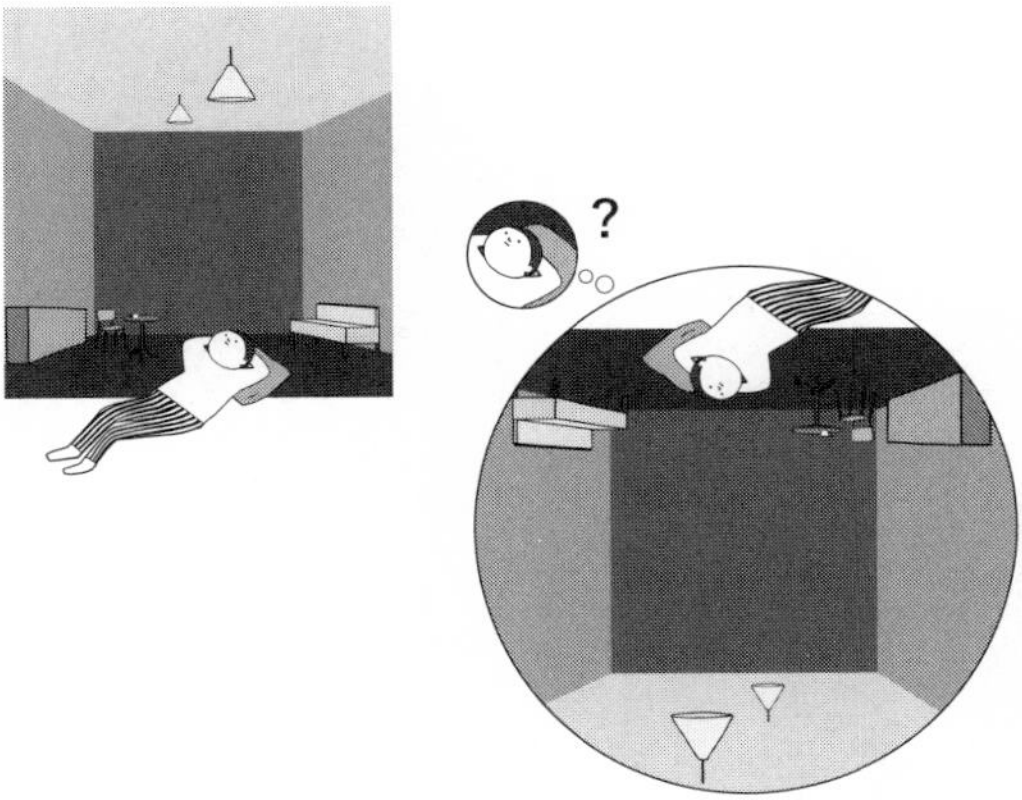

図 6-6　上下あべこべの世界への参入方法
寝転んで天井を見つめながら天井が地面であるような世界を想像してください。同じことを、立って前方を向いた状態でも試してください。どちらが想像しやすいですか？

がる姿勢が、他の姿勢と比して、実際に重力反転に対して強い適応性を有していることを、確認しています。本書では、この心理実験の内容を説明する代わりに、このような重力反転を効果的に体感するVR体験装置《セルフ・アンブレリング》の体験について紹介します（図6－7）。

《セルフ・アンブレリング》は、寝転がった状態で、体験者が傘を開閉することによって、例の幽体離脱レイアウトにおける離脱前の視点と離脱後の視点を往復するものです。なかなか言葉で説明するのも難しいので、ぜひ映像をご覧ください（本章扉ページ）。

設計上の仕掛けは至ってシンプルです。視点方向のみに注目すれば、傘の開

図 6-7　セルフ・アンブレリング
Kodaka, K., & Mori, K. (2018). Self-umbrelling turns over subjective direction of gravity. SIGGRAPH Asia 2018 Virtual & Augmented Reality

閉の前後で、体験者の寝転がっている部屋（VR上では3Dスキャンされたモデル）の上下を、ただ反転させているに過ぎません。傘を開くと（体験者の視線の先にある）天井が床に切り替わり、傘を閉じると床が天井に切り替わります。この世界の反転を、世界が反転したのではなく、自分自身の反転、およびそれに伴う重力の反転と瞬時に捉え直すのがこの体験の肝です。

とはいえ、舞台装置の上と下が瞬時に反転するわけですから、これに対応するための認知負荷は相当なものであると想像されます。ところが、おそらくは100人を超える体験者の中で、この世界の反転によって酔いを訴える者は一人もいませんでした（巻末注9）。背眼における前後の反転によって、ほぼ全ての人が強力な酔いを覚えた（第3－3節）のとは、まるで対照的です。

当初、筆者自身はこの事実に特に注目していませんでしたが、ある時、体験中に上半身を持ち上げて、天井ではなく部屋の側面である壁に目を向けた状態で傘の開閉を行ってみたところ、途端に強い酔いが生じるとともに、そもそも、部屋の反転を自分自身の姿勢の反転として受け止めることができないことに気づきました。逆に、（立位時の）この酔いを一旦経験してしまうと、仰向け時に、これほど大胆な空間仕様の変更に対して無頓着でいられることに対する奇妙さが、より際立つのです。

内在的に備わっている、重力反転耐性

実は、この「天空を見下ろす」類の重力反転は、2011年のイオンタ（Ionta）らによる**フルボディ錯覚**の研究でも意図せぬかたちで見出されています。その実験（図6－8）では、寝転がる被験者の眼前に、HMDを通して、CGのアバターを呈示します。**フルボディ錯覚**の実験なので、この時点で被験者とアバターの身体の向きは揃っていることに注意してください。

彼らの実験の当初の目的は、**フルボディ錯覚**時の脳活動を計測するものでしたが、予備実験中に予期せぬ出来事が起こります。参加者のうちの何人かが、寝転がっているにもかかわらず「ま

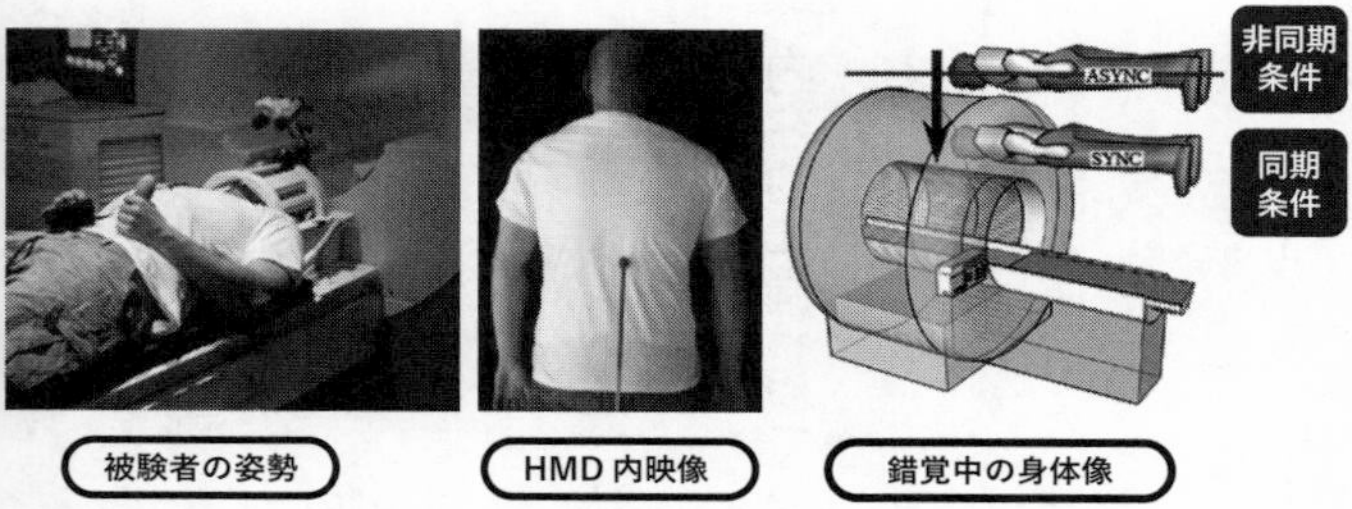

図 6-8　実験室内の主観的な視点の反転

視触覚刺激によるフルボディ錯覚誘導時に生じた視点の反転の状況。右イラストは、同期条件時に、地面側へのドリフトが生じていることを示している。Ionta, S., Heydrich, L., Lenggenhager, B., Mouthon, M., Fornari, E., Chapuis, D., Gassert, R., & Blanke, O.（2011）. Multisensory mechanisms in temporo-parietal cortex support self-location and first-person perspective. Neuron, 70（2）,（図を一部改変）

るで（うつぶせの）自分を見下ろしているように感じる」ことを自発的に訴えてきたのです。

彼らのその後の実験では、寝転がる被験者にHMDを通してアバターの背面画像を提示すると、実験参加者の1／3から1／2ほどの割合で、自発的に「天空を見下ろす」視点転換が生じることがわかりました。この割合は、アバターの頭部が手前を向くように少し傾けてやると70％まで上昇し、逆に頭部を奥の方に傾けると、20％程度に減退します。

加えて、この視点反転の頻度は、アバターとの視触覚刺激の同期の程度とは無関係であることもわかっています。要するに、寝転がった状態での重力反転は、目の前に見えているものの極性に影響を受けつつも、目の前に見えている人が自分である（と感じられる）か否かには無関係に生じるのです。

こうした事情から、重力反転への耐性が、幽体離脱とは無関係に「寝転がる」姿勢に内在的に備わっている特性であることは明らかです。要するに、幽体離脱は、この寝転がりの特異性を、想像世界におけるスペクタクルな対面の演出のために、単に都合よく利用しているのです。

6-7 リセットされる夢、リセットされない幽体離脱

夢と幽体離脱の共通点と相違点

ところで、幽体離脱で繰り広げられている重力反転は、夢見の世界ではごくごく日常的に行われているものです。例えば、空を飛んだり空から落ちる夢は、文化によらず観測される定型的な夢の一つとして知られていますが、よくよく考えてみると、このとき、現実の寝姿と夢の中の姿勢は、重力方向に関して真逆になっています。だからといって、夢の中で「おや、おかしいな、自分の顔は実際には上を向いているのに、この世界では自分は下を見ていることになっている」というような戸惑いが起きることはありえません。もちろん、夢の内容に合わせて寝返りを打つ必要もないのです。

第3章で考察したように、夢という場が、各人の空想世界の活躍するバーチャル・リアリティーであるとするならば、あらかじめ寝ている者に対する現実の重力への感受性を麻痺させておく

ことは、さまざまなレンジの空想を演出するうえで好都合なはずです。その意味からも、夢の中で繰り広げられている現実離れした空間演出に、仰向けの特異性が一役買っている可能性は大いに考えられます。

以上は、幽体離脱と夢とが、空間演出において共通の土壌を有していることを示唆するものです。他方で、幽体離脱と夢とは、明らかに異なる主観的体験であることもまた事実です。単に、夢の中で自分自身が登場すれば、夢から幽体離脱へと転じるというわけではないのです。

幽体離脱と夢との違いは、体験内容の差異ではなく感覚の質感の差異にこそ求められます。とはいえ、この種の主観的なリアリティーの様相を比較考量する際には、一定の慎重さが求められます。例えば、幽体離脱は夢よりも一般にリアリティーの濃度が高いように思われますが、夢の中でも「これはまぎれもなく現実である」という体感の伴うことが稀にあります（筆者の場合、夢の中で誰か大切な人が死ぬと、この現実判定をくり返し行いますが、しかし「これは現実である」という確信を壊すことはできません）。すなわち、体験中の現実感の強さという基準では、夢と幽体離脱を厳密に区別することができないように思えるのです。

ここでは別の視点として、現代のバーチャル・リアリティー（ＶＲ）技術から、これらの違いを考えてみましょう。ＨＭＤゴーグルの着脱には、虚構への参入と現実への帰還を果たす、一種の儀式としての作用があります。では、夢と幽体離脱においてこれらの儀式はどのように執り行われているのでしょうか。

夢の場合、寝入りの際「ＨＭＤを装着」するような感覚はもちろんありません。自分自身が「ＨＭＤを装着」しているという自覚もないままに夢は進行し、ようやく、夢から覚める段階で「ＨＭＤを外した」という明確な体感が生まれます。要するに、夢において「ＨＭＤの装着」は事後的に理解されるのです。

まれに、夢の最中にありながら「ＨＭＤの装着」を自覚できる明晰夢と呼ばれる体験をする人がいますが、この場合でも「ＨＭＤを外す」感覚が失われるわけではありません。むしろ、明晰夢の場合は、より自覚的に虚構から現実への帰還を果たすことができるはずです（この意味で、明晰夢は、現代のＶＲの体験構造に最も近いといえるでしょう）。

他方で、幽体離脱の場合、離脱の前にも後にも、ＨＭＤを着脱したという感覚がありません。つまり、幽体離脱中の出来事が、現実と地続きのものとして体験されるのです。さまざまなエビデンスの出揃っている現在にあっても、幽体離脱が脳内現象であることを頑なに認めない人がいるのは、まさにこの幽体離脱のリアリティーの特異性によるものなのです。

このような視点で整理してみると、夢と幽体離脱の違いは、ＨＭＤを外す感覚の有無に見出されることがわかります。要するに、幽体離脱とは、夢から覚めない夢なのです。ではなぜ、幽体離脱においてのみ、夢の中の世界が、夢から覚めた後の世界の中に包含されるのでしょうか。それは何よりも、幽体離脱中に俯瞰された「自分」が、離脱前後のこの「自分」と同一のものである、という強い確信があるからです。

つまり同一の「自分」の存在感をかすがいにして、虚構と現実が同一の地平でならされるのです。筆者の考えでは、夢から区別される幽体離脱の主観的体験の特異性は、何よりもこの「自分」に関する感触の様態にこそ求められます。

幽体離脱の恐怖感とは

ところで、筆者の授業での学生の反応を見る限り、夢の中で三人称視点的に自分を俯瞰する体験をする人は、それほど珍しいものではありません。この場合、夢の中の自分は、まるで映画の中の主人公のように振る舞うことになるようです。

先程、明晰夢はバーチャル・リアリティーの体験構造に近いと述べましたが、実際、当人に自覚された夢の中で振る舞う自分とは、非日常的なゲームの世界の中で操作されるアバターそのものではないでしょうか。要するに、夢における自分の振る舞いとは、ゲームのキャラクター操作として一般化されます。夢が明晰夢となることで、ゲームの操作性が格段に上がることは言うまでもありません。

ゲームと夢との親和性は上記の点に留まりません。基本的に、プレイヤーとキャラクターとの深い関係は、ゲームに参入している時間においてのみ発生します。ゲームの電源が落とされると同時にキャラクターは消失するわけですが、これは、夢から覚めたと同時に夢の中の自分が消失する現象と対応しています。この夢の性質ゆえに、夢の中で生じたどんなにポジティブなこともネガティブなことも、現実世界に持ち帰ることはできません。

他方で、幽体離脱中に寝台の上に見出される一方の自分は、ゲームのキャラクターのような活発な動きを全く示しません。そのように不自由な自分とは裏腹に、それを俯瞰するもう一方の（視点としての）自分には、空間内の行動に関して巨大な裁量権が与えられています（図６－５右）。

幽体離脱中の世界をゲーム空間と見立てるならば、キャラクターは、むしろ離脱した視点の側に存在するのです。実際、幽体離脱の体験者の多くは、突如与えられた裁量権による誘惑に抗しきれず、横たわる身体から、なるべく遠く離れたところへ行こうと試みます。ところが、この裁量権の行使は、極めて魅惑的なものでありながらも、同時に強烈な恐怖感を伴います。

というのも、この種の冒険は、元の自分の身体の鞘に永遠に戻ることができない危険性を常にはらむものであるからです。まるで、テレビゲームの最中に、何かの拍子に電源を落とされて、永遠にテレビの中に閉じ込められてしまうかのように。要するに、幽体離脱という夢には、文字通りの意味で死の予感が満ち満ちているのです。

6-8 とりかえしのつかない遊び

本書の執筆中に、フェイスブック社が会社の名前をMeta（メタ）と改め、本格的にメタバースのインフラ整備に乗り出そうとしています。メタバースのイメージが判然としない読者は、スティーブン・スピルバーク監督による映画『レディ・プレイヤー1』をぜひご覧ください。その中で見事に映像化されているように、メタバースとは、世界全体のバーチャル・リアリティー化に他なりません。世界をゲーム化し、各人は、生身の身体を現実世界に据え置いたまま、ゲーム内のキャラクターとして世界に働きかける主体となるのです。

本書の関心に照らすと、メタバースとは、空想世界としての夢を明晰夢化しようとする試みに位置づけられます。要するに、物理世界よりも自由度の高い、非日常を演出可能な夢のようなゲームの世界に、各人がキャラクターとして参入し、行為者としての裁量権を与えられるのです。

メタバースという言葉がトレンド入りした当時、『ポケモンGO』などのAR（Augmented Reality：拡張現実）で知られるナイアンティックというアメリカの会社が、『メタバースはディストピアの悪夢です』という扇情的なタイトルで、以下のような声明を出しました。

最近、テクノロジーやゲーム業界の著名な方々をはじめ、多くの方々がこの近未来の仮想世界のビジョンを実現することに興味を持っているように見受けます。でも実際には、前述の作品（著者註：『レディ・プレイヤー１』）はテクノロジーが間違った方向に進んだディストピア的な未来への警告でもあります。

実は、筆者も全く同じような感触を持っています。メタバース、つまり世界全体を明晰夢化させようとする試みは、悪夢的なものになるといわざるをえません。なぜでしょうか？　この問題を検討するにあたって、少し回り道をしようと思います。ここで参照したいのは、からだの錯覚の「きもちわるさ」の感覚です。

前章では、からだの錯覚の「きもちわるさ」の内実について、自己像の酔いという視点を提示しました。筆者の考えでは、自己像の酔いが生じるには、単に自己像が虚構化するだけでは足りません。例えば、仮面を顔に当てて、鏡に映る自分の顔の変化を楽しんでいる時は、「きもちわるさ」よりも、自己像を自在に（そして可逆的に）操作している「きもちよさ」の方がより前景化するはずです。ところが、とつぜん仮面が顔に貼り付いたまま外せなくなれば、途端に「きもちわるさ」が襲ってくるでしょう。

この例からもわかるように、からだの錯覚の「きもちわるさ」とは、単なる自己像の変化によるものではなく、自己像の不可逆な変化（の予感）に付帯する副作用であると考えられます。要するに、錯覚の体験後に、錯覚前の自己像に戻れなくなるかもしれない不安こそが、「きもちわるさ」の正体だったのです。

この「きもちわるさ」は、少なくとも日常的な観点からは、敬遠されてしかるべき感覚であると思われるかもしれません。しかしながら、からだの錯覚の観点からは、異なる視座が開けてきます。

前章で、硬直化してしまった「内なる身体」に対して錯覚が作用することで、神経系が再組織化される事例について説明しました。「きもちわるさ」が不可逆性の兆候であるとして、物事がうまく運んでいるときには確かに、警戒すべきものであるかもしれません。他方で、CRPSのように誤った信念を植え付けられてしまっている状況では、逆に狂ってしまった現実を好転させる処方箋になりえます。ある種の洗脳状態を解くには、「きもちわるさ」による毒抜きの過程が必要なのです。

他方で、『レディ・プレイヤー1』のような、「きもちわるさ」を徹底的に締め出すことに成功した、明晰夢としてのメタバースの中の体験が、(帰還後の)現実を好転させることはあまり期待できません。すでに述べたように、夢は覚めれば、何事もなかったかのように忘れ去られてしまうのです。ちょうど、ゲームの電源が落とされると同時にキャラクターは端的に消失してしまうように。そのようなメタバース空間は、現実を豊かにすることに資するというよりは、ただノイジーな現実を忘却するために刹那的に利用される、というのが関の山ではないでしょうか。

実際、（おそらく近未来では実現されているであろう）一定の水準の行為者性・多様性が確保されたメタバース空間に一度でも取り込まれてしまえば、「きもちよい」状態が半ば永続的に享受され、誰もわざわざ生々しい現実に帰還する動機など持ちえないように思います。このように整理してみると、明晰夢としてのメタバースに足りない要素が、からだの錯覚における「きもちわるさ」であることは明らかです。

この問題に対して、筆者が何か特効薬を持ち合わせているわけではありません。現時点で辛うじて言えるのは、明晰夢としてのメタバースではなく、幽体離脱としてのメタバースの可能性にこそ賭けてみることです。

本章の冒頭で紹介したマリアの例を思い出してください。彼女に限らず、幽体離脱体験の多くは、当人の中で強烈な記憶として刻まれ、その後の現実のリアリティーが、異なる質感を持つことが指摘されています。幽体離脱体験の「きもちわるさ」こそが、この種の現実への介入の力を与えていることにお気づきでしょうか?

いまこの「自分」に安住することなく、異なる「自分」へと足を踏み入れる勇気を持つことは「きもちわるさ」を受け入れることでもあります。からだの錯覚の「きもちわるさ」は、錯覚が単なる遊びではなく、「とりかえしのつかない遊び」となりうることの兆候なのです。しかし、これはネガティブなものではなく、むしろ希望である、と捉えるのが筆者の立場です。

それでは、幽体離脱としてのメタバースとは、どのような設計となりえるのか。この問題は、本書で扱う範囲を超えています。いずれにせよ、本書で紹介したような、「きもちわるさ」の宝庫である錯覚に親しむことは、来るべきキモいメタバースの到来に備えるための、格好の実験の場となるはずです。本書が、「きもちわるい」を美徳とする世界へ参入するための入門となることを願って、ようやくこの筆をおくこととします。

おわりに

ようやくここまでたどり着いた。問題なくいけば、これから必要最小限の校正の手続きを経て、来月には本書が本屋さんの店頭に並んでいることになる。

少し執筆の経緯を振り返ってみる。2021年の8月下旬から翌年の7月にかけて、途中、全く筆がすすまないスランプに2回ほど巻き込まれながらも、なんとか初稿を書き上げた。この時点で、16万字に膨れ上がってしまっていた分量を、編集者とのやりとりを経て、10万字以下に減らすこととなった。この過程で、筆者のまわりくどい表現の多くがスリム化され、新書的なフォーマットに書き換えられていったのは言うまでもない。全く戸惑いがなかったかといえば嘘になるが、他方で、校正の過程で、そのような新しい書体に自分のからだが馴染んでいく様を観察することは、実に錯覚的で魅惑的な体験であったことは強調しておきたい。

とはいえ、このような対処療法的な行程だけで、40%ほどの分量を削ることは不可能である。やはり、編集者からの提案を踏まえて、初稿の中にあった重要なコンテンツのうちのいくつかを思い切ってまるごと削除することにした。その中には、個人差、内受容感覚、離人症、視覚障害者の錯覚不感に関する議論が含まれる。これらはいずれも、筆者の関心に照らして、（からだというよりも）自己の錯覚にとって、とりわけ重要な論点を含むものであるが、できあがってきたものを読み通してみると、これがまた不思議で、全体としてかなり見通しが良くなったように思える。削った部分については、今後、また別に活かす機会を探りたい。

こういった事情で、ご担当いただいた編集の須藤寿美子さんには、多大なるご苦労を強いることとなった。筆者のわがままに付き合いながらも、こうして完成の日まで導いていただいたことに対して心からの感謝の意を伝えたい。

本書は、筆者にとって念願の主著である。とはいえ、本文にも説明のある通り、筆者がからだの錯覚の研究をはじめたのは、30代前半に大学で教職を得た後のことであり、研究を開始して、まだ10年ばかりの歳月しか経過していない。この間、小鷹研究室は、実に優秀で遊び心のある学生に恵まれた。彼らとはさまざまな苦楽を共にし、何より数多の思い出深い展示を共に走り抜けた。とても全員の名前を挙げることはできないが、本書の中にも多く登場する、石原由貴、森光洋、佐藤優太郎、今井健人の4名については、特に強い感謝の意を伝えたい。どうもありがとう。

もともと筆者を出版社につないでくださったのは、認知科学の大家でもある鈴木宏昭先生である。鈴木先生との出会いは、２０１７年に遡る。ある国内会議で、その時点で何処の馬の骨とも知れなかった筆者の論考（本書では第6章に相当する）に興味を示され、その後も、まるで認知科学の王道からかけ離れたアプローチをとる筆者の研究に対して、常に温かい眼差しを注いでいただいた。鈴木先生による取り計らいがなければ本書が誕生しなかったことはもちろんであるが、それ以上に、筆者が学術の場で現在のように自信を持って錯覚研究を発信できるようになったのは、鈴木先生の存在無くして考えられない。

本書が完成したら、いの一番に鈴木先生に発売前の本を届け、「おかげさまでこんなに面白い本ができました。ありがとうございます」と感謝の意を伝えるはずだった。しかし、本文のゲラの修正を全て終え、長かった戦闘モードからようやく解放された日の翌々日に、鈴木先生の訃報が届けられた。絶句するほかなかった。筆者は未だ混乱の渦中にあり、この突然の事態を適切に物語化することができていない。

それでも、この事実を素通りしたままで本書の執筆を閉じることはできない。今筆者にできることは、筆者の内的な風景の中で、まだ生き生きとその温和な表情を向ける先生に、当初予定していたものと同じ感謝の意を伝えることでしかありえない。

おかげさまでこんなに面白い本ができました。

ありがとうございます。

小鷹研理

（2023年3月11日・名古屋の自宅にて）

巻末注９（P227）
《セルフ・アンブレリング》を東京で３日間にわたって体験展示（Siggraph Asia）した際にも、おそらく体験者は50人を超えていたが、VR酔いを訴えるものは１人もいなかった。それとは別に、少なくても１人、全く錯覚を感じていない体験者がいたことも指摘しておきたい。その体験者は、HMD内において、見つめる先が天井から床に切り替わってもなお、自分は相変わらず寝転がったままで、単純に自分を包む空間がその都度反転しているようにしか感じられないという（それを聞いた時、筆者はどれほど驚いたことか！）。要するに、その体験者の（主観的な）身体は、そのような単純な視覚操作ぐらいでは簡単に持ち上がらない程に、現実の物理的状態（仰向け）に固執しているのである。いずれにせよ、《セルフ・アンブレリング》において、上記のような錯覚不感を報告する者が極めて稀であったことは間違いない。筆者が、幽体離脱レイアウトの普遍性についてある程度の確信を得ていることには、こうした展示における観察によるところが大きい。
Kodaka, K., & Mori, K.（2018）. Self-umbrelling turns over subjective direction of gravity. SIGGRAPH Asia 2018 Virtual & Augmented Reality

処理であっても、ドラスティックな個人差を作り出す余地があることを教えてくれる。

【第５章】

巻末注５（P172）

筆者は、佐藤優太郎とともに、正にこの問題に取り組んでいるところである。現在明らかとなっているのは、ダブルタッチ錯覚の誘導において、概ねナムネスと身体変形感覚は正の相関を示すということである。他方で、ナムネスと変形感覚とが同時に感覚されない点にも注意が必要である。すなわち、変形感覚（指が伸びているか？）に注目しながら錯覚を体験している場合はナムネスは抑制され、ナムネス（麻痺しているか？）に注目している場合は、変形感覚が抑制される。（エイメリッヒ=フランシュの実験が示すように）ラバーハンド錯覚やセルフタッチ錯覚においてもナムネスと所有感錯覚は強い相関を示しているにもかかわらず、これまであまりナムネスの問題が表舞台に出ることがなかったのは、この種の相互抑制のメカニズムが関係している、というのが筆者の仮説である。

巻末注６（P186）

その後の筆者らの実験によれば、スライムを40㎝横方向に引き延ばす実験（実験参加者21人）において、平均して29㎝の皮膚位置感覚の変化を計測している。このうち、35㎝以上の変化を報告した参加者は９人（43％）いた。つまり、少なくても40％程度の体験者は、スライムの変移量が30㎝を超過してもなお、ほぼ目で見たままの通りに皮膚の変形を感じていることになる。これは、展示会における筆者の実感と一致している。

Kodaka, K., Sato, Y., & Imai, K. (2022). The slime hand illusion：Nonproprioceptive ownership distortion specific to the skin region. i-Perception, 13 (6).

【第６章】

巻末注７（P204）

ナクル（Nakul）が指摘するように、脳内の電気刺激によって誘発された幽体離脱の報告数（2017年の段階で５件）は、他の一般的な知覚錯覚と比べると極端に少ない。しかも、この５件のうちの２件は、脳内の身体マップ（ホムンクルス）を発見したことで有名なペンフィールドの報告（1947年、1955年）にまで遡らなくてはならない。こうした事実は、仮に、TPJが幽体離脱における中枢的な機能を司るところであったとして、TPJに対する局所的な刺激が幽体離脱を必ずしも引き起こすわけではないこと、さらに言えば、幽体離脱は、TPJを含む複数の領野のネットワーク的な効果として理解される必要があることを示唆している。このような操作主義・還元主義の彼岸にあるかのような幽体離脱の難解さは、技術水準が高まった現在にあってもなお、VR技術によって（真の意味での）幽体離脱を引き起こすことに誰も成功していない現状と強く符合しているようにみえる。幽体離脱の謎は、幽体離脱が科学的な対象に昇格したことによってむしろ深まっている、というのが筆者の印象である。筆者が幽体離脱に強く魅せられ続けている理由の一端には、こうした事情がある。

Nakul, E., & Lopez, C. (2017). Commentary：Out-of-body experience during awake craniotomy. Frontiers in Human Neuroscience, 11, 417.

巻末注８（P218）

ここで記したように、フルボディ錯覚による所有感評定の絶対レベルは一般的にかなり低い傾向にある。例外的に、フルボディ錯覚の研究では比較的よく参照されるレンゲンハガー（Lenggenhager）らによる2007年に発表された論文では、フルボディ錯覚の実験で、「アバターが自分自身の身体であるように感じる」の質問について、－３から＋３の評定で、平均して＋２を超える評価を得た結果が報告されている。しかしながら、筆者は、この評価値を真に受けるべきではないと考えている。実は、その例外的に高い主観値をはじき出した実験条件とは、アバターとして自分自身の背面映像をそのまま使用するものであった。これでは、フルボディ錯覚の体験とはまるで無関係である、単なる「自他の識別」の結果として、例の質問に対する評定値が高まった可能性を否定することができないのではないか。実際に、同論文の中で、同じフルボディ錯覚の手続きをマネキンに対して行った場合、所有感評定はやはり一気に減退する（＋１未満）。自分の手とはまるで似ても似つかない人形の手を用いても高い錯覚効果を与えるラバーハンド錯覚との違いは明らかである。

Lenggenhager, B., Tadi, T., Metzinger, T., & Blanke, O. (2007). Video ergo sum：manipulating bodily self-consciousness. Science , 317 (5841)

巻末注

【第1章】
巻末注1（p52）
ラバーハンド錯覚における如何なる要素が、固有感覚のドリフトを生み出しているかについての議論は、実はまだ十分に定まっていない。実際、ラバーバンド錯覚が報告されて以降のさまざまな追試で、視触覚の同期刺激が固有に果たしている貢献については、かなりの程度、疑問視されていることに留意する必要がある。例えば、Rohdeらによる2011年の研究では、ただラバーハンドを見ているだけで、視触覚刺激を与えたのと同等レベルで固有感覚のドリフトが生じることが示されている。固有感覚のドリフトがほぼ完全に抑制されたのは、2分程度の長時間にわたって非同期による触覚刺激を与え続けた場合のみであった。ラバーハンドと（見えない）被験者の手が近傍で揃って置かれているだけで、視覚と固有感覚のカップリングが成立していることを思い出せば、この結果は、固有感覚ドリフトが錯覚（本書でいうオーケストラ認知）の効果であることを否定するものではない。他方でラバーハンドに対する所有感の投射と固有感覚ドリフトとは、互いにある程度独立した事象であるとする考え方が、現在の学術研究においては主流である。
Rohde, M., Di Luca, M., & Ernst, M. O. (2011). The Rubber Hand Illusion：feeling of ownership and proprioceptive drift do not go hand in hand. PLoS One, 6 (6)

【第3章】
巻末注2（P109）
三人称視点フルボディ錯覚において、視点方向をどのように設計するかは、実は設計者によってバリエーションがある。図3－3の右の例では、三人称視点におけるカメラは、後方から自分自身の頭部に常時向けられている。これにより、体験者はどのように首を動かしても自分自身の頭部を、常に視界の中心に収めることとなる。これと別の方法では、ただカメラの位置が後方にあるだけで、カメラの方向は体験者の首の動きに準ずる。この場合、首を大きく動かすと自分自身の姿は視界から切れる。筆者は、VR空間の設計において前者の手法を好んで用いるが、共に制作を行う学生によっては強い酔いを覚えることもあり、後者を採用することもある。（後方に限らず）あらゆる基点から自らの頭部を俯瞰する前者のタイプの三人称視点フルボディ錯覚の事例として、小鷹研究室のVR作品《Recursive Function Space》（Siggraph Asia 2017）を挙げておく。3章の動画リストに収めているので、参考にされたい。
Kodaka, K., & Mori, K. (2017). Recursive function space. SIGGRAPH Asia 2017 VR Showcase

巻末注3（P135）
学術関係者のために補足すると、「ダブルタッチ錯覚」という名称は、筆者の研究グループが（本書発刊の段階で）国内会議の場で提唱しているのに過ぎない。国際的には、ダブルタッチ錯覚のレイアウトは、（第5章で解説を行う）「ナムネス錯覚（numbness illusion）」という名称が使われている。ただし、数少ないナムネス錯覚の研究では、麻痺感覚に焦点が当てられており、身体変形の問題はほとんど前景化されていない。さらに、ラバーハンド錯覚との関連性についてもほとんど議論されていないのが現状である。筆者が「ナムネス錯覚」ではない新たな名称が必要と考えるのは、このような事情によるものである。

【第4章】
巻末注4（P153）
錯視界隈で（色覚異常や器質性の問題に因らない）個人差が如実に現れる題材として「ドレス問題」が挙げられる。検索すれば、すぐに画像を見つけることができるのでぜひ確認してほしい。これは、同じ縞模様のドレスが、ある人には「青黒」に、ある人には「白金」に見えるというものである（比率としては3対1程度）。この違いは、背景の光環境の捉え方の違いによるものであり、視覚研究では「色の恒常性」として古くから知られる性質に起因するものである。そうした事情を深く理解してもなお、「ドレス問題」の画像は、（筆者も含め）多くの人にとって意図的に別の解釈をとることが許されないものであり、個人差の問題を考える上で非常に刺激的な題材である。なお、色の恒常性は、後頭葉に存在するV4という領野の中で表現されていることがわかっている。「ドレス問題」は、視覚野の中で閉じた

立花隆（2000）『臨死体験 上／下』（文春文庫）、文藝春秋
オリヴァー・サックス（2014）『見てしまう人びと』（大田直子訳）、早川書房
Waking up under the surgeon's knife, BBC, 2017-02-13, https://www.bbc.com/news/magazine-38733131（参照2022-03-10）
【第6－5節】
小鷹研理（2017）「HMD空間における三人称定位：幽体離脱とOwn Body Transformationからのアプローチ」、日本認知科学会第34回大会発表論文集、OS03-4
小鷹研理（2018）「HMDによる構成的空間を舞台とした「三人称的自己」の顕在化」、第32回人工知能学会全国大会（OS招待講演）、3D1-OS-7a-04
Salomon, R., Lim, M., Pfeiffer, C., Gassert, R., & Blanke, O. (2013). Full body illusion is associated with widespread skin temperature reduction. Frontiers in Behavioral Neuroscience, 7, 65.
【第6－6節】
小鷹研理（2018）「主観的な重力方向の反転を促進させる因子の検討」、日本認知科学会第35回大会発表論文集、OS11-2
Kodaka, K., & Mori, K. (2018). Self-umbrelling turns over subjective direction of gravity. SIGGRAPH Asia 2018 Virtual & Augmented Reality, No, 16, 1-2.
古谷利裕（2018）、〝「幽体離脱の芸術論」への助走メディウムスペシフィックではないフォーマリズムへ向けて〟、EKRITS 、2018-03-13、https://ekrits.jp/2018/03/2515/（参照2023－03-28、セルフアンブレリングの体験解説を含む）
Ionta, S., Heydrich, L., Lenggenhager, B., Mouthon, M., Fornari, E., Chapuis, D., Gassert, R., & Blanke, O. (2011). Multisensory mechanisms in temporo-parietal cortex support self-location and first-person perspective. Neuron, 70(2), 363-374.
Pfeiffer, C., Serino, A., & Blanke, O. (2014). The vestibular system: A spatial reference for bodily self-consciousness. Frontiers in Integrative Neuroscience, 8, 31.
Pfeiffer, C., Schmutz, V., & Blanke, O. (2014). Visuospatial viewpoint manipulation during full-body illusion modulates subjective first-person perspective. Experimental Brain Research, 232(12), 4021-4033.
Pfeiffer, C., Grivaz, P., Herbelin, B., Serino, A., & Blanke, O. (2016). Visual gravity contributes to subjective first-person perspective. Neuroscience of Consciousness, 2016(1).
【第6－8節】
"The Metaverse is a Dystopian Nightmare. Let's Build a Better Reality," NIANTIC, 2021-08-10, https://nianticlabs.com/news/real-world-metaverse,（参照2022-03-10）

A. (2018). The senses of agency and ownership: A review. Frontiers in Psychology, 9 (April), 535.

【第5－4節】

Kenri Kodaka(2019). Bodiject Fingers. Best Illusion of the Year Contest 2019(Top 10), https://illusionoftheyear.com/2019/12/bodiject-fingers/ （参照2023-03-10）

小鷹研理（2019）『ボディジェクト指向』、第22回文化庁メディア芸術祭・アート部門（審査委員会推薦作品）、http://archive.j-mediaarts.jp/festival/2019/art/works/bodiject-oriented/

佐藤優太郎・前林明次・小鷹研理（2019）「掌と指を分離する「芋虫の錯覚」」、日本認知科学会第36回大会発表論文集、P2-7

Dieguez, S., Mercier, M. R., Newby, N., & Blanke, O. (2009). Feeling numbness for someone else's finger. Current Biology, 19(24), PR1108-R1109.

佐藤優太郎・齋藤五大・小鷹研理(2021)「Numbness錯覚とセルフタッチ錯覚の間に成立するトレードオフ性に関する一考察」、第35回人工知能学会、全国大会論文集、1E2-OS-2-01

Aymerich-Franch, L., Petit, D., Kheddar, A., & Ganesh, G. (2016). Forward modelling the rubber hand: Illusion of ownership modifies motor-sensory predictions by the brain. Royal Society Open Science, 3(8), 160407.

Lewis, J. & McCabe, C. (2010). Body Perception Disturbance(BPD)in CRPS. Practical Pain Management 10(3).

Preston, C., & Newport, R. (2011). Analgesic effects of multisensory illusions in osteoarthritis. Rheumatology, 50(12), 2314-2315.

ノーマン・ドイジ（2016）『脳はいかに治癒をもたらすか』（高橋洋訳）、紀伊國屋書店

V.S.ラマチャンドラン、サンドラ・ブレイクスリー（1999）『脳のなかの幽霊』（山下篤子訳）、角川書店

【第5－5節】

Sato, Y., Imai, K., & Kodaka, K.,(2021) "Slime Hand", Best Illusion of the Year Contest 2021 (Top 10), http://illusionoftheyear.com/2021/12/slime-hand/ （参照2023-03-10）

Kodaka, K., Sato, Y., & Imai, K. (2022). The slime hand illusion: Nonproprioceptive ownership distortion specific to the skin region. i-Perception, 13(6).

【第6－1節】

リチャード・ワイズマン（2012）『超常現象の科学』（木村博江訳）、文藝春秋

【第6－2節】

Blanke, O., Ortigue, S., Landis, T., & Seeck, M. (2002). Stimulating illusory own-body perceptions. Nature, 419(6904), 269-270.

Nakul, E., & Lopez, C. (2017). Commentary: Out-of-body experience during awake craniotomy. Frontiers in Human Neuroscience, 11, 417.

Serino, A., Alsmith, A., Costantini, M., Mandrigin, A., Tajadura-Jimenez, A., & Lopez, C. (2013). Bodily ownership and self-location: Components of bodily self-consciousness. Consciousness and Cognition, 22(4), 1239-1252.

笹岡貴史・乾敏郎(2014)「視点取得機能に関わる脳内基盤の検討：fMRI研究」、日本認知心理学会第12回大会発表論文集、O2-2-4

Lopez, C., & Elzière, M. (2018). Out-of-body experience in vestibular disorders: A prospective study of 210 patients with dizziness. Cortex, 104, 193-206.

【第6－3節】

Sekiyama, K. (1982). Kinesthetic aspects of mental representations in the identification of left and right hands. Perception & Psychophysics, 32(2), 89-95.

Pfeiffer, C., Schmutz, V., & Blanke, O. (2014). Visuospatial viewpoint manipulation during full-body illusion modulates subjective first-person perspective. Experimental Brain Research, 232(12), 4021-4033.

Braithwaite, J. J., James, K., Dewe, H., Medford, N., Takahashi, C., & Kessler, K. (2013). Fractionating the unitary notion of dissociation: Disembodied but not embodied dissociative experiences are associated with exocentric perspective-taking. Frontiers in Human Neuroscience, 7, 719.

【第6－4節】

トーマス・メッツィンガー（2015）『エゴ・トンネル』（原塑・鹿野祐介訳）、岩波書店

【第3－4節】

齋藤五大・高木源（2022）「不思議の国のアリス症候群：事例報告」日本認知科学会第39回大会発表論文集、P1-004A

Blom, J. D. (2016). Alice in Wonderland syndrome: A systematic review. Neurology: Clinical Practice, 6(3), 259-270.

【第3－5節】

佐藤優太郎・齋藤五大・小鷹研理（2021）「心の指はどこまで伸びる？―ダブルタッチ錯覚による軸固有の身体変形距離限界の同定」、日本認知科学会第38回大会発表論文集、OS13-5F

小鷹研理・佐藤優太郎・齋藤五大（2021）「ダブルタッチ錯覚による身体像の接合　―非遮蔽同期による新たなラバーハンド錯覚パラダイム」、日本認知科学会第38回大会発表論文集、OS13-7

佐藤優太郎・齋藤五大・小鷹研理(2022)「クアドタッチ錯覚による所有感生起の連鎖」、日本認知科学会第39回大会発表論文集、O3-002A

【第4章全般】

嶋田総太郎（2019）『脳のなかの自己と他者：身体性・社会性の認知脳科学と哲学（越境する認知科学)』(日本認知科学会編集)、共立出版

【第4－1節】

Marotta, A., Tinazzi, M., Cavedini, C., Zampini, M., & Fiorio, M. (2016). Individual Differences in the Rubber Hand Illusion Are Related to Sensory Suggestibility. PLoS One, 11(12), e0168489.

【第4－2節】

Ramachandran, V. S., & Hubbard, E. M. (2001). Synaesthesia: A window into perception, thought and language. Journal of Consciousness Studies, 8(12), 3-34.

Nunn, J. A., Gregory, L. J., Brammer, M. et al. (2002). Functional magnetic resonance imaging of synesthesia: activation of V4/V8 by spoken words. Nature Neuroscience 5, 371-375.

【第4－3節】

Ehrsson, H. H., Spence, C., & Passingham, R. E. (2004). That's my hand! Activity in premotor cortex reflects feeling of ownership of a limb. Science, 305(5685), 875-877.

Ehrsson, H. H., Holmes, N. P., & Passingham, R. E. (2005). Touching a rubber hand: Feeling of body ownership is associated with activity in multisensory brain areas. The Journal of Neuroscience: An Official Journal of Society for Neuroscience, 25(45), 10564-10573.

Tsakiris, M., Costantini, M., & Haggard, P. (2008). The role of the right temporo-parietal junction in maintaining a coherent sense of one's body. Neuropsychologia, 46(12), 3014-3018.

V.S.ラマチャンドラン（2013）『脳のなかの天使』（山下篤子訳)、角川書店

北岡明佳（2007）「錯覚ニュース８」、北岡明佳の錯視のページ、http://www.psy.ritsumei.ac.jp/~akitaoka/illnews8.html（参照2023-03-10）

【第5－2節】

佐藤優太郎・石原由貴・小鷹研理（2018）「「蟹の錯覚」における主体感の変調」、日本認知科学会第35回大会発表論文集、OS11-3

古谷利裕（2018)、偽日記@はてなブログ、2018-01-29、https://furuyatoshihiro.hatenablog.com/entry/20180129（参照2023-03-28、蟹の錯覚の体験談を含む）

小鷹研理（2018）「HMDによる構成的空間を舞台とした「三人称的自己」の顕在化」、第32回人工知能学会全国大会（OS招待講演)、3D1-OS-7a-04

佐藤優太郎・石原由貴・小鷹研理（2019）『蟹の錯覚』、CGC（学生CGコンテスト）第25回エンターテインメント部門ノミネート、https://archive.campusgenius.jp/2019/works/4546/

【第5－3節】

Gallagher, S. (2000). Philosophical conceptions of the self: Implications for cognitive science. Trends in Cognitive Sciences, 4(1), 14-21.

Braun, N., Debener, S., Spychala, N., Bongartz, E., Sörös, P., Müller, H. H. O., & Philipsen,

Ehrsson, H. H., Holmes, N. P., & Passingham, R. E. (2005). Touching a rubber hand: Feeling of body ownership is associated with activity in multisensory brain areas. The Journal of Neuroscience: An Official Journal of Society for Neuroscience, 25(45), 10564-10573.

【第2－4節】

White, R. C., Aimola Davies, A. M., & Davies, M. (2011). Two hands are better than one: A new assessment method and a new interpretation of the non-visual illusion of self-touch. Consciousness and Cognition, 20(3), 956-964.

佐藤優太郎・小鷹研理（2023）「セルフタッチ錯覚を用いた指の変形感覚に関する異方性の検証」、認知科学、Vol.30, №3（再録決定）

Kodaka, K., & Ishihara, Y. (2014). Crossed hands strengthen and diversify proprioceptive drift in the self-touch illusion. Frontiers in Human Neuroscience, 8 (1553, 422).

【第2－5節】

齋藤五大・佐藤優太郎・小鷹研理（2021）「とどかない後ろ手をつなぐ：自己接触錯覚が起きると指や腕も伸びる」、日本認知科学会第38回大会発表論文集、OS13-6F

齋藤五大（2019）「後ろの正面だあれ：背面におけるセルフタッチ錯覚」、日本認知科学会第36回大会発表論文集、P1-60

【第3－1節】

Slater, M., Perez-Marcos, D., Ehrsson, H. H., & Sanchez-Vives, M. v. (2009). Inducing illusory ownership of a virtual body. Frontiers in Neuroscience, 3(2), 214-220.

Kalckert, A., & Ehrsson, H. H. (2012). Moving a Rubber Hand that Feels Like Your Own: A Dissociation of Ownership and Agency. Frontiers in Human Neuroscience, 6(March), 40.

Lenggenhager, B., Tadi, T., Metzinger, T., & Blanke, O. (2007). Video ergo sum: Manipulating bodily self-consciousness. Science, 317(5841), 1096-1099.

Blanke, O., & Metzinger, T. (2009). Full-body illusions and minimal phenomenal selfhood. Trends in Cognitive Sciences, 13(1), 7-13.

Ehrsson, H. H. (2007). The experimental induction of out-of-body experiences. Science, 317(5841), 1048.

Slater, M., Spanlang, B., Sanchez-Vives, M. v, & Blanke, O. (2010). First person experience of body transfer in virtual reality. PLoS One, 5(5), e10564.

Petkova, V. I., Khoshnevis, M., & Ehrsson, H. H. (2011). The perspective matters! Multisensory integration in ego-centric reference frames determines full-body ownership. Frontiers in Psychology, 2, 35.

【第3－2節】

曽我部愛子・森光洋・小鷹研理（2016）「ぶらさがりによる自重変化を利用した腕が伸縮する感覚の誘発」、情報処理学会インタラクション2016論文集、162A03

Kodaka, K., & Mori, K. (2017). Stretchar(m)makes your arms elastic. SIGGRAPH Asia 2017 VR Showcase.

石原由貴・森光洋・室田ゆう・小鷹研理（2017）「HMDを介したポールを引っ張り合うことによる腕が伸縮する感覚の誘発」、エンタテインメントコンピューティングシンポジウム2017論文集、380-382

森光洋・小鷹研理（2018）Elastic Arm Illusion, VR Creative Award 2018(Finalist)

小鷹研理（2019）「筋運動誘導型Elastic Limb(s) Illusionに関する研究の展望」、第33回人工知能学会全国大会論文集、2J5-OS-19b-01

岡田莞助・小鷹研理（2019）「筋運動は順逆両位相の伸縮イメージと適合する」、日本認知科学会第36回大会発表論文集、P1-59

Kenri Kodaka, Taiki Anraku, Kansuke Okada, and Koyo Mori. (2020). Elastic Legs Illusion. In Extended Abstracts of the 2020 CHI Conference on Human Factors in Computing Systems(CHI EA'20). ACM.

【第3－3節】

室田ゆう・森光洋・石原由貴・小鷹研理(2017)「ELBOWRIST ：HMDを用いた第二の肘を介した背面空間の探索」、エンタテインメントコンピューティングシンポジウム2017論文集、114-117

参考文献

【第1－3節】

Brian Resnick(2019). Ever wake up to a numb, dead arm? Here's what's happening. Vox, https://www.vox.com/2016/6/6/11854588/numb-arm-sleep

【第1－5節】

Kodaka, K., & Kanazawa, A. (2017). Innocent Body-Shadow Mimics Physical Body. i-Perception, 8(3).

小鷹研理 (2017) "影に引き寄せられる手―「からだ」はどのように自覚されるのか"、academist Journal、2017-06-23、https://academist-cf.com/journal/?p=5051 (参照2023-03-09)

【第1－6節】

Botvinick, M., & Cohen, J. (1998). Rubber hands "feel" touch that eyes see. Nature, 391 (6669), 756.

【第1－7節】

Rohde, M., Di Luca, M., & Ernst, M. O. (2011). The Rubber Hand Illusion: Feeling of ownership and proprioceptive drift do not go hand in hand. PLoS One, 6(6), e21659.

Petkova, V. I., Zetterberg, H., & Ehrsson, H. H. (2012). Rubber hands feel touch, but not in blind individuals. PLoS One, 7(4), e35912.

Beers, R. J. v., Sittig, A. C., & Denier van der Gon, J. J. (1998). The precision of proprioceptive position sense. Experimental Brain Research, 122(4), 367-377.

【第1－8節】

Lloyd, D. M. (2007). Spatial limits on referred touch to an alien limb may reflect boundaries of visuo-tactile peripersonal space surrounding the hand. Brain and Cognition, 64(1), 104-109.

Ide, M. (2013). The effect of "anatomical plausibility" of hand angle on the rubber-hand illusion. Perception, 42(1), 103-111.

【第1－9節】

古谷利裕 (2018)、偽日記@はてなブログ、2018-01-29、https://furuyatoshihiro.hatenablog.com/entry/20180129 (参照2023-03-28、軟体生物ハンドの体験談を含む)

Reader, A. T., Trifonova, V. S., & Ehrsson, H. H. (2021). The Relationship Between Referral of Touch and the Feeling of Ownership in the Rubber Hand Illusion. Frontiers in Psychology, 12, 629590.

【第1－10】

Senna, I., Maravita, A., Bolognini, N., & Parise, C. v. (2014). The Marble-Hand Illusion. PLoS One, 9(3), e91688.

【第1－11節】

Guterstam, A., Gentile, G., & Ehrsson, H. H. (2013). The invisible hand illusion: Multisensory integration leads to the embodiment of a discrete volume of empty space. Journal of Cognitive Neuroscience, 25(7), 1078-1099.

Tsakiris, M., & Haggard, P. (2005). The rubber hand illusion revisited: Visuotactile integration and self-attribution. Journal of Experimental Psychology. Human Perception and Performance, 31(1), 80-91.

【第2－1節】

小鷹研理・石原由貴 (2019)「セルフタッチ錯覚を通した個人差研究の展望」、日本認知科学会第36回大会発表論文集、P1-58

【第2－2節】

Thomas, B. L., Karl, J. M., & Whishaw, I. Q. (2014). Independent development of the Reach and the Grasp in spontaneous self-touching by human infants in the first 6 months. Frontiers in Psychology, 5, 1526.

【第2－3節】

Aimola Davies, A. M., White, R. C., & Davies, M. (2013). Spatial limits on the nonvisual self-touch illusion and the visual rubber hand illusion: Subjective experience of the illusion and proprioceptive drift. Consciousness and Cognition, 22(2), 613-636.

【や行】

【ら行】

【アルファベット】

【た行】

【な行】

【は行】

【ま行】

さくいん

N.D.C.140　253p　18cm

ブルーバックス　B-2228

からだの錯覚《さっかく》
脳と感覚が作り出す不思議な世界

2023年4月20日　第1刷発行

著者　小鷹研理《こだかけんり》
発行者　鈴木章一
発行所　株式会社講談社
〒112-8001　東京都文京区音羽2-12-21
電話　出版　03-5395-3524
販売　03-5395-4415
業務　03-5395-3615
印刷所　(本文印刷)株式会社新藤慶昌堂
(カバー表紙印刷)信毎書籍印刷株式会社
製本所　株式会社国宝社

定価はカバーに表示してあります。

ISBN978－4－06－531623－8

発刊のことば

科学をあなたのポケットに

二十世紀最大の特色は、それが科学時代であるということです。科学は日に日に進歩を続け、止まるところを知りません。ひと昔前の夢物語もどんどん現実化しており、今やわれわれの生活のすべてが、科学によってゆり動かされているといっても過言ではないでしょう。

そのような背景を考えれば、学者や学生はもちろん、産業人も、セールスマンも、ジャーナリストも、家庭の主婦も、みんなが科学を知らなければ、時代の流れに逆らうことになるでしょう。

ブルーバックス発刊の意義と必然性はそこにあります。このシリーズは、読む人に科学的に物を考える習慣と、科学的に物を見る目を養っていただくことを最大の目標にしています。そのためには、単に原理や法則の解説に終始するのではなくて、政治や経済など、社会科学や人文科学にも関連させて、広い視野から問題を追究していきます。科学はむずかしいという先入観を改める表現と構成、それも類書にないブルーバックスの特色であると信じます。

一九六三年九月　　野間省一